교육실천가를 위한
사회환경교육론
2

교육실천가를 위한 사회환경교육론 2

초판인쇄 2019년 9월 30일
초판발행 2019년 9월 30일

지은이 환경부 · (사)환경교육센터
펴낸이 채종준

펴낸곳 한국학술정보(주)
주소 경기도 파주시 회동길 230 (문발동)
전화 031 908 3181(대표)
팩스 031 908 3189
홈페이지 http://ebook.kstudy.com
E-mail 출판사업부 publish@kstudy.com
등록 제일산−115호(2000. 6. 19)

ISBN 978-89-268-9582-5 93330

교육실천가를 위한
사회환경교육론

2

환경부 · (사)환경교육센터 지음

이담
Books

"우리가 걸어가면 길이 됩니다."

교육사상가와 교육실천가로 평생을 살아온 파울로 프레이리와 마일즈 호튼의 대화록은 교육에서 희망을 찾고 각자의 실천방식으로 길을 만들어 가는 사람들에게 묵직한 울림이 되었다. 세월이 흐르고 시대가 바뀌어도 교육이 희망이 되어 주리라 믿는 교육실천가들의 역할은 여전히 중요하다.

우리나라의 환경교육은 환경교사, 환경지도자, 생태안내자, 환경해설가, 환경활동가, 환경교육운동가 등 다양한 이름으로 활동해온 환경교육실천가들에 의해 길을 찾아 온 것이라 해도 과언이 아니다. 역동적인 한국사회에서 환경교육실천가들은 아름다운 자연이 있는 곳에서부터 환경문제로 고통받는 곳이나 자연에서 소외된 곳까지, 현대인들이 살아가는 곳이라면 어디서든 지속가능한 사회로 가는 희망의 씨앗을 심어왔다. 그렇게 길을 만들어왔다. 본서는 환경교육실천가로서의 삶을 살고 있거나 그런 삶을 희망하는 사람들을 위한 안내서로 기획되었다.

환경교육은 '인간과 환경과의 관계'를 이해하고 바람직한 관계 개선을 통해, '지속가능한 사회'를 만들어가는 교육과정이자, 개인의 인식과 행동, 사회의 변화'를 추구하는 교육과정이라 할 수 있다.[1] 그리고 우리나라에서 환경교육은 제도권 교육 체계 안에서 이루어지는 '학교 환경교육'과 제도권 밖에서 이루어지는 '사회 환경교육'으로 구분해 왔다. 전자가 학교와 교사가 주도하는 환경교육을 이른다면, 후자는 민간단체나 기관, 기업, 정부, 지자체, 공공기관, 공동체나 개인 등이 주도하는 환경교육을 가리킨다. 이 가운데 본 서에서 중점적으로 다루는 사회 환경교육은 인간의 전 생애에 걸쳐 이루어진다. 또한 우리나라의 사회 환경교육은 다양한 주체가 다양한 분야에서 오랜 시간에 걸쳐 열정적으로 헌신해 온 덕분에 자발성과 역동성, 다양성과 창의성이라는 특징을 갖는다. 따라서 앞으로 환경교육실천가들은 다양한 분야와 주제, 시대적 요구를 융합적으로 다룰 수 있어야 하고, 여러 가지 기능영역 개발을 위한 적절한 교육방법을 복합적으로 다룰 수 있어야 한다. 이를 돕기 위해 집필진들은 오랜 기간 현장에서 활동하고 연구해 온 각자의 전문성을 살려 환경교육에 대한 지식과 실무를 독자들에게 고루 전달할 수 있도록 노력하였다.

우리는 전 지구적 환경 위기의 시대에 서 있다. 지나온 시간에 대한 반성

---

(1) 장미정(2011). 『환경교육운동가를 만나다』. 이담북스.

과 성찰, 자연에 대한 인간의 가치관과 태도 변화 없이는 지속가능한 미래를 기대하기 어렵다. 환경교육실천가는 그들이 만나는 사람들의 삶과 인식을 바꾸는 사람이기 이전에 자신의 삶을 바꿔가는 사람이기도 하다. 앞으로 더 많은 사람들이 환경교육실천가로 살아갈 수 있다면, 교육이 희망이 될 수 있지 않을까? 어쩌면 이 책이 점점 더 많은 사람들이 가정에서, 학교에서, 마을에서, 사회에서 조금씩 작은 변화라도 만들어 갈 수 있는 마중물이 될 수 있지 않을까? 모쪼록 더 많은 사람들이 지속가능한 미래를 위한 희망의 길을 함께 걸었으면 한다.

끝으로 본 교재는 1권에 이은 두 번째 교재이며, 2016년 발행된 사회환경교육지도사 3급 공통교재의 일부를 수정·보완하여 집필하였음을 밝힌다. 교재를 출판하는데 동의해 주신 환경부와 편집을 맡아주신 ㈜한국학술정보에 감사드린다.

2019년 9월
환경부, (사)환경교육센터 저자 일동

교재 활용 가이드

1. 교재의 개관

• 각 장의 집필진은 해당 분야의 전문가들로 구성하였습니다. 각 주제 분야의 일반성에 중점을 두어 집필하였으나 일부 집필진의 개인적 견해가 반영될 수 있습니다.

• 본 교재는 환경교육 프로그램을 진행(해설)하는데 필요한 지식과 실무 수행능력을 배양할 수 있는 수준으로 개발하였습니다. 따라서 주요 독자층을 사회 환경교육 입문자와 예비환경교사, 대학생 수준으로 설정하였고, 대중성과 전문성을 동시에 고려하여 집필하였습니다.

• 교수자는 본 교재를 기초교재로 활용하되 각자의 전문성에 따라 유연하게 강의를 기획하고 진행할 수 있습니다. 다만, 표준교재 활용 차원에서 각 장별 마무리에 제시된 [핵심정리]는 강의내용에 필수적으로 포함하도록 합니다.

2. 교재 구성요소와 특징

• 본 교재는 '이론'과 '실습'이 조화되도록 개발하였습니다. '실습' 부분은 가급적 '개념-이해-기획-계획-실행-활동-유의사항-평가하기'의 실습(활동) 흐름에 맞게 구성하였으며, 분량에 구애 없이 꼭 필요한 정보만 기술하였습니다.

• 각 장의 도입 부분에는 교과목의 개요, 학습목표, 핵심개념을 제시하였습니다. 학습자는 전체 내용을 쉽게 파악할 수 있고, 교수자의 경우 자신의 강의에서 필수적으로 다뤄야 할 내용을 확인할 수 있습니다.

• 각 장의 마무리 부분에는 핵심내용을 요약하여 담았습니다. 학습자의 경우 전체 내용을 쉽게 파악할 수 있고, 교수자의 경우 자신의 강의에서 필수적으로 다뤄야 할 내용을 확인할 수 있습니다. 따라서 전체 내용을 숙지하기 전에 도입 부분의 [교육목표]와 마무리 부분의 [핵심정리] 부분을 점검하면, 수업 전후 학습목표와 학습 성취도를 확인할 수 있습니다.

• 각 과목별로 꼭 필요한 개념어를 적절하게 담고자 하였으며, 어려운 개념은 별도의 설명을 포함하였습니다.

• 본문에는 각 내용을 효과적으로 설명할 수 있는 사진, 그림, 도표 등을 활용하였습니다.

• 가독성을 고려해, 참고문헌은 각 장의 마지막에 미주 형태로 제시하였고, 꼭 필요한 원어(영어)도 가급적 각주로 기술하였습니다.

• 원고의 말미에는 더 공부하고 싶은 독자들이 읽어볼 만한 추천 도서를 대중서 중심으로 제시하였고, 학습자들의 사고 확장에 도움이 될 만한 생각 거리를 제시하여 심화학습활동으로 활용될 수 있도록 하였습니다.

목차

01

교수학습방법

■ **교과목 개요**

- 학생들이 실제 환경교육을 하는 데 필요한 이론적 기초를 제공한다.
- 학생들이 이론적 기초를 바탕으로 의미 있는 환경교육 교수학습을 수행하도록 실습한다.

■ **교육목표**

- 교육자로서 환경교육 교수학습에 대한 기초 이론인 교수학습의 기초, 학습자의 특성, 교수학습이론, 교사의 역할 등을 학습한다.
- 다양한 교수학습 상황에서 학생들과 상호작용하는 방법을 익힌다.
- 환경교육 교수학습방법을 적용하며 실제 교수자로서의 역량을 함양한다.

■ **교육내용**

1. 교수학습방법 이해	〈핵심개념〉 • 환경교육 교수학습 기초, 학습자의 특성, 환경교육 교수학습 이론 • 환경교육 교수학습의 원칙, 교사의 역할 〈세부목표〉 • 교육자로서 환경교육 교수학습을 이해하고자 교수학습의 기초, 학습자의 특성, 교수학습 이론에 대해 살펴본다. • 환경교육 교수학습의 기초 이론을 바탕으로 교수학습의 원칙과 방법, 교사의 역할에 대해 살펴본다.
2. [실습 I] 경험학습과 이야기학습	〈핵심개념〉 • 경험학습과 이야기학습 〈세부목표〉 • 환경교육 교수학습 방법으로 활용되는 경험학습과 이야기학습의 개념과 특징에 대해 살펴본다. • 사례와 실습을 통해 각 교수학습방법을 체득한다.
3. [실습 II] 탐구학습과 가치탐구학습	〈핵심개념〉 • 탐구학습과 가치탐구학습 〈세부목표〉 • 환경교육 교수학습 방법으로 활용되는 탐구학습과 가치탐구학습의 개념과 특징에 대해 살펴본다. • 사례와 실습을 통해 각 교수학습방법을 체득한다.
4. [실습 III] 지역공동체 문제 학습	〈핵심개념〉 • 지역공동체 문제 학습, 프로젝트 학습 〈세부목표〉 • 환경교육 교수학습방법으로 활용되는 지역공동체 문제 학습과 프로젝트 학습의 개념과 특징에 대해 살펴본다. • 사례와 실습을 통해 각 교수학습방법을 체득한다.
5. [실습 IV] 사회–학교연계 환경교육	〈핵심개념〉 • 사회–학교연계 환경교육 〈세부목표〉 • 학교환경교육과정에 대한 이해를 통해 학교환경교육의 접근법을 함양한다. • 사회환경교육자로서 사회–학교 연계과정을 사례 실습을 통해 체득한다.

1
—
교수학습방법 이해

환경교육 교수학습의 이해

1) 교수학습의 기초

환경교육에서 교수학습은 환경교육 내용에 대한 교사와 학습자의 상호작용으로, 환경 내용에 대해 교사는 가르치고 학습자는 배우는 것을 말한다. 교수(教授, teaching)란, 교사가 학습자에게 지식과 기술을 가르쳐 주는 것이다.

이러한 교수의 과정은 전통적으로 교사가 학습자에게 일방적으로 지식이나 기술을 알려주는 과정으로 그려졌다. 그러나 최근 교수의 과정은 교사의 일방적인 과정이 아니라, 교사와 학습자의 적극적인 상호작용을 통해 이루어지는 것으로 보고 있다.

학습(學習, learning)은 학습자가 새로운 지식이나 기술을 배우는 것을 의미한다. 학습자에게 배움은 그를 둘러싼 환경과의 상호작용을 통해서 행위의 변화가 일어나는 경우를 말하게 된다. 이러한 행위의 변화는 행동의 변화와 더불어, 새로운 지식을 받아들이는 것, 학습자들의 지각, 통찰, 인지 등의 정신적 과정의 변화까지도 포함한다. 따라서 환경교육에서 교수학습은 학습자들이 교사와의 상호작용을 하면서 환경과 관련된 지식이나 기술을 받아들이거나, 지각, 통찰, 인지 등의 정신적인 변화를 경험하거나 행동이 변하는 것을 의미한다.

참다운 환경교육 교수학습과정에서 중요한 것은 "학생의 자발적 참여"이다. '학생이 스스로 환경을 위해 행동하도록 교육하는 것' 이것은 가장 중요하면서 가장 어려운 부분이다. 학생들에게 억지로 강요한다면 참다운 환경교육이라고 할 수 있을까? 학생들이 억지로 친환경적인 행동을 하게 한다고 할지라도, 자신의 삶 전체에 걸쳐서 하기 어려울 것이다.

우리 인간은 태어나서 죽을 때까지 자연과 사회 안에서 생활하며 환경을 경험한다. 이 환경을 아름답게 가꾸며 살기 위해서 학생들은 스스로 환경의 가치를 알고 행동할 수 있어야 한다. 학생들이 자발적으로 참여하는 환경교육 교수학습방법은 무엇일지 고민해 보자.

2) 전통적인 방법과 대안적인 방법

환경교육 교수학습방법은 전통적인 방법과 대안적인 방법으로 크게 나눌수 있다. 전통적인 교수학습방법은 우리가 흔히 알고 있는 주입식 교육이라할 수 있다. 반면 대안적인 교수학습방법은 전통적인 교수학습방법을 재검토하여 새로운 방법으로 바꾸는 것으로, 학생들은 더 자발적으로 친환경 행동에 참여할 수 있게 된다.

먼저, 전통적인 교수학습방법은 지식과 가치 등 기존의 전통문화를 사실로 인정하고 이것을 학생들에게 주입하려는 방법이다. 이 방법은 교사가 교과서를 놓고 학생들에게 일방적으로 강의하는 것을 포함한다. 전통적인 교수학습방법에서 학생들은 교사의 강의를 듣고 이해하며 암기한다. 이러한 교수학습방법은 교사 중심 방법이 될 수밖에 없다. 환경교육 내용이 객관화된 사실이라고 주장할 때, 환경교육은 개인적인 경험보다 보편적인 것에 가깝다고 볼 수 있다. 따라서 학생들이 그것을 얼마나 이해하였는지를 중요하게 고려한다.

이때 교사는 '학생들에게 환경 내용을 정확하게 설명하면 되겠지'라고 생각한다. 즉 전통적인 교수학습방법은 학생들이 배워야 할 환경 지식과 필요한 정보를 교사가 제공하고 설명하면 된다고 가정한다. 학생들은 이 내용을 의심하거나 비판을 하기보다 교사의 설명을 이해하고 암기하게 된다. 학생들은 더 이상 학습 내용에 대해서 자기 스스로 판단하거나 사고하지 않는다. 이러한 전통적인 교수학습방법은 학생들이 짧은 시간 안에 많은 양의 환경 내용을 습득할 수 있게 한다. 그러나 학생들이 학습 대상에 적극적으로 의미를 부여하지 않으면 환경에 대한 학습 동기가 약해지기 쉽다. 또 환경 내용에 대해서 사고하지 않았기 때문에 현실에서 발생하는 환경 사건에 대해서 인식하거나 환경과 관련된 사회 변동에 대응하기 어려울 수 있다. 따라서 환경 교육에서 중요하게 고려하는 자발성의 측면에서 보면, 전통적인 환경 교수학습방법은 학생들의 다양화와 창의성을 함양하는 데 한계가 있다.

자발성과 관련된 환경교육의 교수학습방법은 목표부터 전통적인 방법과 다르다. 학생들에게 전통적으로 중요하게 생각하는 환경적 사실을 알리고 이것의 가치를 주입하지 않기 때문이다. 대안적인 교수학습방법은 학생들이 환경 지식을 가지고 스스로 새로운 지식과 가치를 생산하도록 한다. 환경교육 교수학습과정에서 학생들은 교과서와 교사의 강의 내용을 듣고 그 내용을 자기 생각에 따라 다양하게 해석하고 새로운 의미를 만들어 낸다. 여기서 학생들은 수동적이지 않고 능동적이다. 이것은 기존에 갖고 있는 환경 지식과 가치를 완전히 부정하는 것이 아니라 환경 지식과 가치를 상황에 맞춰 새롭게 해석하고 새로운 지식과 가치, 그리고 기능을 구성하도록 허용하는 것이다. 이는 지식, 기능, 가치가 학생과 독립해서 존재한다는 전통적인 교수학습의 주장이 아니라, 학생이 주도적으로 활동하는 것을 인정하고 학생들이 새롭게 구성해 가는 것을 지지한다. 대안적 방법과 관련되는 교수학습방법으로는 이야기학습, 가치탐구학습, 마을과 연계한 지역공동체학습, 사건기반학습 등이 있다. 이 중에서 이야기학습, 가치탐구학습, 지역공동체 문제 학습-프로젝트 학습 등은 다음 장 실습 부분에서 살펴보도록 한다.

대안적인 교수학습방법은 학생의 창의성과 능동적인 참여를 이끌어 내는 데 매우 좋은 방법이다. 그러나 지식을 체계화시키기 어려울 수 있으며 또 현실적으로 여건이 안 될 수도 있다. 그러므로 어떤 주제에 대해서 환경 수업을 할 때, 제한된 시간, 학습의 강조, 학습에 필요한 자료, 결과를 통해 얻을 수 있는 성취도 등을 고려하여 적합한 교수학습방법을 선택하는 것이 중요하다. 예를 들어 학생들 주변에 있는 강에 가서 강물의 수질 오염이 어느 정도인지 알아보고자 한다고 하자. 이때 학생들은 강물이 오염된 원인이 무엇인지 조사하여 가설을 세울 수 있다. 인근 공장으로부터 폐수가 흘러나온다든지 또는 음식물 쓰레기가 정화되지 않은 채 강으로 흘러 들어간다든지 등이 있을 수 있다. 가설을 세운 다음, 공장이나 학교를 직접 방문하여 사실을 확인할 수 있다. 또 실험을 통해 어느 정도 수질이 오염되었는지 파악할 수 있을 것이다. 그러나 이러한 과정은 많은 시간이 필요하고, 각 단계에서 의미 있는 학습을 할 수 있지만 그만큼 다른 부분에 대한 학습을 할 수 없게 된다는 단점도 있다. 따라서 활동 위주의 수업을 한다면 그 자체의 중요성과 별도로 그 한계를 보완할 수 있는 다른 방법도 생각해서 환경교육 교수학습을 선택해야 한다. 단기적인 관점이 아니라 장기적 관점에서 교수학습 방법을 선택하도록 해야 할 것이다.

환경교육 교수학습의 이해

1) 교수학습 이론

환경교육 교수학습 이론은 다양하나, 여기서는 두 가지 이론, 즉 인지발달 이론과 구성주의 이론을 중심으로 살펴보고자 한다.

- 인지발달 이론

인지발달 이론은 피아제(Piaget)를 중심으로 발달하였다. 피아제는 학생들의 인지 성장 단계에 따라 교육이 이루어질 때 가장 효과적인 교육성과가 나타난다고 주장하였다. 피아제는 인간의 지적 행동을 환경에 대한 적응이라고 주장했다. 이 적응은 동화(assimilation)와 조절(accommodation)을 통해 이루어진다. 이 두 과정이 보충하는 과정을 겪으며 인간은 행동한다. 그다음 이 행동에 의미를 부여하게 된다. 이것은 하나의 구조(structure)를 이루게 된다. 이 구조가 변화 · 발달되어 가는 과정에서 지능이 형성된다. 피아제 인지발달 이론에 따르면 학습자의 물리적 세계의 경험과 언어를 통한 사회적 경험이 중요하다는 것을 알 수 있다. 따라서 환경적 지능이 형성되도록 하는 교수학습방법이 필요하다.

피아제가 제시한 인지발달 단계는 감각 동작기(0-2세), 전 조작기(2-5세), 구체적 조작기(5-10세), 형식적 조작기(10세-성인기)로 나눈다. 피아제가 제시한 인지발달 단계의 주요 특징을 제시하면 표1과 같다. 인지발달 단계의 주요 특징에 따라 다음과 같이 환경교육 교수학습방법을 적용해 볼 수 있다.

표1. 피아제의 인지발달 단계의 주요 특징

인지 발달 단계	나이	주요 특징
감각 동작기	0–2세	감각적 경험과 운동 활동에 기초해서 인식함
전 조작기	2–5세	언어 같은 상징적 기호를 사용함 자아 중심적으로 추론함
구체적 조작기	5–10세(초등학교 3학년)	논리적 조작을 통해서 문제 해결을 할 수 있음 • 논리적 사고 능력이 급격하게 발달함 • 사고가 실제적이고 구체적인 대상에 한정 • 사물을 분류하고 서열화하는 것이 가능함
형식적 조작기	10세(초등학교 4학년)–성인	추상적 상징을 할 수 있음 연역적, 가설적 추론을 할 수 있음

- 0-2세 : 학습자에게 감각적 경험이나 체험활동과 같은 운동을 통해 환경을 이해하도록 도와야 한다.
- 2-5세 : 환경 지식을 습득하여 환경을 이해하는 데 적합하며, 언어를 통해 문제를 파악하고 조사하는 기능을 학습할 수 있다.
- 5-10세 : 환경과의 다양한 경험과 상호작용을 통해서 환경을 이해할 수 있다. 환경문제와 쟁점을 통해 의사결정능력을 함양한다. 추상적 사고가 발달하기도 하지만 아직 구체적인 수준에 머물러 있는 학생이 대부분이기 때문에, 학생들에게 지나치게 추상적인 개념을 전달하기보다 다양한 탐구 활동을 통해 논리적 사고를 경험할 수 있도록 해야 한다.
- 10세-성인 : 환경적인 쟁점 사항을 조사하고 해결하는 데 필요한 기능을 함양할 수 있다. 이 쟁점 해결에 있어서 학생들이 자발적인 참여자가 되도록 도와주어야 한다.

- 구성주의 이론

구성주의는 학습자가 학습한 지식을 스스로 구성하며 활용할 수 있다는 이론이다. 즉 학습은 사물 또는 사건에 대한 관찰로부터 시작되고, 학습의 결과는 학습자의 능력에 의존한다는 것이다. 이 이론은 환경교육이 교사의 강의를 주입함으로써 이루어지는 것보다 학생들이 주체가 되어 스스로 학습을 구성하는 것이 더 적합하다고 말한다. 따라서 수업에 영향을 줄 수 있는 중요한 요인 중의 하나는 학생이 수업 이전에 가지고 있는 지식을 이끌어내는 것이다. 이에 대해 구성주의 학습이론가인 드리버(Driver)는 '수업 이전 개념 이끌어 내기'가 중요하다고 말하였다. '수업 이전 개념 이끌어 내기'에서 교사는 학생들이 학습할 내용과 관련된 자신의 생각을 표현하도록 도와야 한다. 예를 들어, 교사는 환경학습 내용과 관련된 현상이나 예를 제시함으로써 학생들이 과거의 경험을 회상하게 하고 이를 언어로 표현하도록 한다.

구성주의에서 지식은 절대적인 것이 아니라 상대적인 것이다. 교사는 학생들의 환경 경험이 서로 다를 수 있다는 것을 인정하고, 저마다 다른 형태로 표현하는 방식을 이해하도록 해야 한다.

표2. 인지주의와 구성주의의 비교

구분	인지주의	구성주의
주요학자	브루너(Bruner), 피아제(Piaget)	글라저스펠트(Von Glasersfeld)
학습관점	내적 정신과정(통찰력, 정보처리, 암기)	인지에 의한 지식의 완전 재구성
학습의 초점	내적 인지적 구조화	경험에 토대를 둔 능동적인 의미 형성
교육목표	더 나은 학습을 위한 능력 및 기술 개발	사고 및 문제해결 역량의 함양
교육자의 역할	학습활동의 내용을 구성	안내자, 조력자, 학습촉진자
성인학습의 관점	인지발달연령에 따른 지능, 학습방법	학습자의 자율적 탐구중시
핵심 KEY	자극-유기체-반응(S-O-R)이론, 인지구조, 정보처리	창조, 구성, 실전
학습방법	쌍방 훈련	실행과 학습(Action & Learning)

환경교육 교수학습의 원리과 방법

1) 교수학습에서 고려해야 할 원리

1990년대 환경교육은 통합성, 균형성, 계속성, 일상성 등 네 가지 원칙을 제안하였다. 이는 환경교육을 환경 문제 해결에 주요한 목적을 둔 것으로, 환경교육 교수학습 원리에 중요한 영향을 미쳤다.[1] 1990년대 이후 환경교육은 지속가능성 및 회복탄력성을 핵심 사항을 두며 발전하며, 통합교육과정으로서 환경교육의 역할에 대한 논의가 이루어졌다. 환경교육에서의 정체성 및 발전을 고려하여 서은정은 환경교육의 원리를 크게 다섯가지로 제안하였다. 환경교육의 다섯가지 원리에는 지구 의존성, 관계 지향성, 시스템 사고, 지속가능성 및 회복탄력성 학습역량, 지구 공동체 리더십 등이 있다.[2]

• 지구 의존성

인간을 포함하여 지구상에 사는 모든 생물은 지구에 의존하고 있다. 어느 것 하나 지구를 떠나서 독자적으로 생존할 수 없다. 지구 생태계의 각 구성요소는 복잡한 그물망을 형성하고 서로 얽혀있고, 유기적으로 관계를 맺고 살아간다.

따라서 인간은 생태계가 어떻게 작동하는지 이해하고 그 기능에 맞춰 살아가려고 노력해야 한다. 이는 생태소양과 환경감수성을 학습함으로써 습득할 수 있다.

• 관계 지향성

환경교육은 사람과 사람이 의존하며 살아가는 생명 공동체이다. 지구에 있는 자원과 에너지를 통해 얻는 서비스는 결국 인간에게 분배하는 문제와 직결된다. 지구 공동체의 구성원으로서 인간은 서로 의존하고 있다는 것을 인지해야 한다. 즉, 도덕적 책임감을 가지고 지구를 대하도록 해야 한다. 이를 위해 공감하는 능력, 의사소통 및 갈등해결능력, 의사결정과정에서 숙의 과정 등 기본 인성이 함양되어야 한다.

• 시스템 사고

시스템 사고는 자연 시스템과 사회 시스템이 서로 연결되어 있고, 지구를 부분적으로 보는 것이 아니라 전체로 보는 것이다. 지구 공동체에서 각 부분과 그 특성, 요소 간의 연결망, 상호작용을 이해하는 것이다. 환경교육은 지구 생태계의 각 '상황에서 일정한 패턴을 보이는 관계의 양상을 발견하고, 복합성을 이해하도록 도와주어야 한다'.[3]

• 지속가능성 및 회복탄력성을 확보하는 학습역량

환경교육은 학생들이 지속가능성과 회복탄력성을 삶과 직업 사회에서 구현하도록 지속적인 학습 역량을 함양하도록 해야 한다.

먼저, 지속가능성에 대한 학습역량은 환경, 경제, 사회 면에서 '지속가능발전'을 구현하도록 환경 역량을 발휘해야 함을 시사한다.

회복탄력성을 지향하는 학습역량은 지속가능성을 지향하는데 필수적이다. 회복탄력성은 생태계는 어느 정도 외부의 힘에 대해서 회복하려는 성질을 말하는데, 이는 모든 연령, 모든 시민이 평생에 걸쳐 학습해야할 중요한 요소이다.[4]

• 통합성

환경문제는 서로 관련되므로 환경을 총체적 시각에서 파악해야 한다. 환경문제를 예방하고 해결하기 위해서는 지식, 기능, 참여 등을 통합해야 한다. 환경 지식만이 중요하거나 환경 기능만이 중요한 것은 아니다. 환경 지식, 기능, 참여 등이 모두 함께 어우러져야 환경적 행동을 할 수 있는 것이다. 이를 위해서 환경교육은 환경과 관련된 주제나 쟁점을 중심에 두고 이것과 관련된 지식, 기능, 참여 등을 함으로써 환경을 통합적으로 접근하도록 해야 한다. 취학 전까지 학생들은 가정에서 부모와 함께 일상생활 소재를 중심으로 기본적으로 익혀야 할 환경교육을 배울 수 있다. 초등학교부터 고등학교, 대학교까지 학생들은 학교의 교육과정과 연계하여 자연과학적 및 인문과학적 요소에 담긴 환경 요소를 체계적으로 배울 수 있다. 이 시기에 학생들은 환경에 대해 배우면서 자신의 진로와 연계할 수 있다. 성인 학생들은 직장, 가정에서 부딪히는 환경문제에 대해 환경 지식과 기능을 통합적으로 구성하여 문제를 해결하는 데 활용할 수 있다.

또 환경교육은 과학, 사회, 가정, 기술과 같은 다양한 과목과 연관되어 있다. 다시 말해 환경교육은 다양한 과목에 존재하므로 다양한 과목 특성에 맞게 시행할 수 있다. 이를 통해 환경을 큰 그림에서 파악하고 환경문제를 예방하고 극복할 수 있을 것이다. 그러나 학생들이 각 교과에서 시행된 환경 요소를 분절된 형태로 받아들이지 않도록 하기 위해서는 각 환경 요소 간 연계가 잘 이루어지며 통합적으로 구성하도록 해야 한다.

2) 능동적 학습을 위한 방법

• 질문과 토론

질문과 토론학습은 동료나 교사와 상호작용을 하면서 이루어지고, 학습자의 자주적이고 능동적인 참여를 요구한다.

- '질문은 이해의 열쇠이다.'라는 말이 있다. 질문은 어떤 현상이나 사건을 다루는 데 있어서 중요한 요소가 되어, 질문을 통한 환경교육은 환경 요소와 요소 간의 관계, 일상생활에서 환경문제의 의미와 피해 등 쟁점에 대해서 인식함으로써 이루어진다.

학생들은 질문을 만드는 과정에서 환경에 대한 다양한 관점을 갖게 된다. 또 환경의 요소와 요소 간의 관계, 일상생활에서 환경 문제의 의미와 심각성, 해결 방안 등에 대해 인식하게 된다. 질문에 대한 답은 정해진 것이 아니다. 학생 스스로 다양한 방법을 통해 연구하며 고민하는 과정을 경험하도록 한다.

- 환경에 대해서 질문이 생겼을 때, 학생 혼자 고민하면서 그 질문에 해답을 찾고자 노력할 수 있다. 여기에 한 걸음 더 나아가 친구들 또는 교사, 지역사회 주민들과 함께 의견을 나눈다면 생각의 폭이 넓어지고 더 나은 대안을 마련할 수 있을 것이다.

토론을 통한 환경교육은 환경오염 또는 쟁점과 관련된 주제를 잡고 동료들과 의견을 주고받는 것이다. 이렇게 동료들과 서로 의견을 주고받으면서 인간을 서로 존중하는 가치관을 형성하고 자연에 대한 가치를 배울 수 있다. 토론을 하면서 학생들은 다른 학생들의 생각을 참고하여 자신의 생각을 점검할 수 있다. 또 다른 학생들의 질문에 의해 자신의 사고에 대해 비판적인 자극을 받을 수 있다. 그러나 일부 학생들이 토론을 주도하고 몇몇 학생들은 한마디 의견조차 내지 못하는 경우가 있다. 이러한 일이 발생하지 않고 다양한 학생들이 자신의 의견을 제시할 수 있도록 하기 위해서는 교사의 세심한 안내가 필요하다.

- 모둠학습

환경문제를 예방하고 해결하기 위해서는 '나' 한 사람의 노력과 더불어 '우리'의 노력이 함께 필요하다. 환경교육은 나와 생각이 같은 사람 또는 다른 사람과 함께 노력하여 환경문제를 해결해 나가는 것이다. 이때 필요한 능력이 협동이며 학생들은 모둠학습에서 협동성을 배울 필요가 있다.

환경교육에서 모둠 구성은 3~12명 정도가 적합하다. 한 반에 4~8개 정도의 모둠이면 교사가 지도하기 용이하다. 모둠학습은 동질 집단과 이질 집단으로 크게 나누어 편성할 수 있다. 환경 지식, 기능, 나이, 성별 등이 비슷한 모둠을 이룰 경우에는 동질 집단, 다른 경우에는 이질 집단이 된다. 동질 집단의 학생들은 나와 생각이 비슷한 사람으로부터 위로와 편안함을 느낀다. 동질 집단에서 학생들은 상대방의 의견을 듣고 나의 의견을 보완하는 계기로 삼을 수 있다. 반면 이질 집단에서는 나와 생각이 다른 사람으로부터 도전을 받고 비판적 사고를 함양할 수 있다. 이렇게 학생들은 동질 집단과 이질 집단에서 민주적으로 협동하는 방법을 배움으로써 가정, 지역사회, 국가, 세계적 수준에서 발생하는 환경문제에 대해 효과적으로 해결하는 방법과 행동하는 방법을 배우게 된다.

학생들은 모둠학습 중 환경문제에 대한 토의와 토론을 하면서 크고 작은 갈등을 경험한다. 이 갈등은 무조건 나쁘다고 할 수 없다. 오히려 갈등 관계를 통해 환경 소양을 배양하며 민주시민으로서의 자질을 함양할 수 있다. 교사는 모둠학습에서 학생들의 갈등이 발생했을 때 이것을 학생들이 성장할 수 있는 좋은 기회로 삼고 서로 이해하며 의견을 조율하도록 중재 역할을 할 필요가 있다.

- 능동적 학습의 장애물

환경교육은 학생들의 자발적 참여가 중요하다. 효과적인 환경교육을 하기 위해서는 학생들이 자발적으로 참여하지 못하게 하는 요소가 무엇인지 발견하고 이를 줄일 수 있는 방법을 찾아야 한다. 자발적으로 환경을 배우는 데 장애가 되는 요소로는 강한 지시, 무시, 도달하기 어려운 목표, 결과만 중시하는 분위기, 자신이 한 행동을 보잘것없다고 생각하는 것, 지나친 경쟁, 입시 위주의 교육 등이 있다.

무엇보다 학생 스스로 자신의 행동을 보잘것없다고 여기는 마음이 능동적 학습을 방해할 수 있다. 학생이 어떤 행동을 했을 때 그 행동이 아무리 작게 보여도 학생 스스로 환경문제를 해결하려고 최선을 다했다면, 결코 작은 행동이 아니라는 것을 알려주어야 한다. 또 학생이 한 결과가 긍정적인 결과로 나타나지 않았다고 하더라도 '왜 그러한 행동을 하였는지'에 대한 동기와 과정이 환경적으로 의미가 있었다면, 결코 결과만이 중요한 것이 아니며 과정만으로도 충분하였다는 것을 알려주어야 한다.

교사의 역할과 교수학습방법

교사와 학생은 가르치고 배우는 과정에서 다양한 상호작용의 형태를 나타낸다. 어느 형태만이 환경교육 교수학습 방법에 가장 효과적이라고 말할 수는 없다. 다양한 교수학습 상황에 맞게 적합한 역할을 형성하는 것이 중요하다.

1) 교사의 교수활동

• 상호작용자로서의 역할

교사와 학생이 함께 환경에 대해서 배우고 익히는 입장이다. 이 역할에서 교사는 학생에게 일방적인 지식을 전달하지 않는다. 또, 학생에게 교수학습 상황에 대한 모든 권한을 부여하는 방임적 교사를 뜻하지 않는다. 여기서 교사는 학생과 '함께' 수업을 만들어 간다. 교사와 학생이 한 팀이 되며 협동함으로써 환경 수업을 만들어 간다.

교사가 특정한 강의안을 가지고 수업을 하는 것이 아니기 때문에, 수업의 결과가 어떠한지, 교수학습 과정이 어떠한 방식으로 구현되어야 하는지에 대한 고정된 틀은 없다. 따라서 교사는 학생과 상호작용을 하면서 학생이 교사의 도움을 받아 자신의 수업 과제를 해결하는 수업 형태로서의 역할을 주로 하게 된다. 환경 프로젝트 학습, 탐구학습 등과 같이 교사와 학생이 상호작용하며 만들어가는 교수학습방법이 여기에 속한다. 학생은 교사와 팀을 이루어 환경문제를 선정하고 함께 수행함으로써 환경 탐구 능력을 배양할 수 있다.

• 교수자로서의 역할

교사가 학생에게 바람직한 행동을 하도록 이끄는 입장이다. 이때 주로 이루어지는 교수학습방법은 강의이다. 교사는 강의안을 가지고 학생들에게 강의를 하거나, 필요한 경우 실험실습을 할 수 있다. 그러나 교수자로서의 역할이 강제적인 학습을 의미하는 것은 아니다. 지식과 기능을 전달하는 측면에서 교사가 학생에게 영향을 미치는 범위가 확대되었다는 것이지, 결코 교사의 권위로 학생들에게 비자발적인 행동을 유도하는 것은 아니기 때문이다.

학습자는 교사의 강의를 통해 많은 양의 환경 지식과 기능을 짧은 시간

안에 익힐 수 있다. 이때 교사는 학생들이 일상생활에서 적용할 수 있도록 학생에게 꼭 필요한 환경 지식과 기능을 파악하여 제공할 수 있어야 한다. 환경 지식과 기능은 환경에 대한 원리와 개념을 익히는 것과 더불어 다양한 환경 주제를 학생들에게 제시하여 학생들이 논쟁적이고 쟁점적인 주제를 다룰 수 있는 내용을 포함해야 한다. 강의 후 학생들이 일상생활에서 환경 문제 혹은 쟁점을 찾아 질문거리를 만들어 사고를 촉진하는 것도 좋은 방법이 될 수 있다.

- 안내자로서의 역할

교사가 학생이 환경에 대해 잘 배우고 익히도록 도와주는 역할을 하는 입장이다. 안내자로서의 역할과 상호작용자로서의 역할은 비슷하지만 교사의 영향력이 미치는 정도에 따라 차이가 난다. 안내자로서의 역할은 상호작용자로서의 역할에 비해 과제 수행에 있어서 학생의 더 적극적인 참여를 허용한다. 같은 교수학습방법이라 하더라도 학생의 자발성과 교사의 위치에 따라 안내자로서의 역할과 상호작용자로서의 역할이 차이가 날 수 있다.

교사는 학생이 문제를 해결하기 위한 방법을 찾거나 이미 수행한 실험 결과에 대해 적극적으로 논의하도록 안내한다. 이때 주로 이루어지는 교수학습방법은 질문과 토론하기, 이야기 학습하기, 환경 프로젝트 등이 있다. 여기서 주제는 학생들이 겪었던 경험들로 선정 및 조직하는 것이 좋다. 이를 통해 학생들은 능동적으로 환경교육 활동에 참여하며, 스스로 가치 있는 존재로 인식하게 된다. 또 학생들은 수행한 과정을 통해서 얻은 결과가 환경적으로 의미 있는 것이라고 인식하는 것이 중요하다.

교사는 학생이 주도적으로 환경 주제를 선정하고 수행하도록 하되 '학생 스스로 해결 가능한 문제 혹은 쟁점'을 선정하도록 도와야 한다.

2) 교수학습방법의 전략

• 예비 교수활동 전략

실제 수업 활동을 하기 전에 이루어지는 활동이다. 실제 활동이 어떻게 이루어져야 하는지 계획하고 구체화하기 위한 전략이 여기에 속한다. 대표적인 방법으로 교사가 준비해야 할 부분과 학생이 수업을 받을 준비로 나눌수 있다.

교사가 준비해야 할 부분은 실제 활동이 제대로 실행되도록 하는 것이다. 준비물을 잘 챙겼는지, 모둠 구성을 동질 집단 또는 이질 집단으로 할지, 장소는 어디인지, 학생 유인물을 만들고 수업을 구상하는 모든 것을 포함한다. 학생이 수업을 받을 준비를 갖추기 위해서는 사전에 학생의 특성을 파악하는 것과 관련된다.

학생의 성별, 나이, 심리적인 특성 등을 알아야 한다. 이를 토대로 학생들이 수업에 기대감을 갖도록 하는 것, 가능한 한 많은 감각을 사용하면서 활동적으로 교육에 참여하도록 하는 것, 과제를 부분으로 나눔으로써 학습자가 더 쉽게 실행할 수 있도록 하는 전략이 무엇인지 결정해야 한다.

• 실제 교수활동 전략

교수활동 전략은 실제 수업활동으로, 이것은 현장에서 활동하면서 사용하는 전략이라고 할 수 있다. 실제 학습은 하나의 활동만으로 일어나기 어려울 수 있다. 따라서 주요한 활동을 중심으로 관련 개념을 찾고, 아이디어를 적용하며, 새로운 상황에 적응할 기회를 충분히 제공하도록 한다. 무엇보다 교사는 학생 개개인이 무엇을 느끼고 익히는지에 관심을 가지며 학생의 머리, 가슴, 발에 환경 요소가 어떻게 서로 작동하는지 유심히 관찰하며 수업을 진행해야 한다. 이때 학생들이 탁월하게 환경 지식을 익히는 것이 중요한 것이 아니라 환경 지식을 자신 안으로 내면화하고 이를 적극적으로 활용하는 것이 중요하다는 것을 명심해야 한다. 이를 위해 교사는 학생이 조금씩 환경에 가까이 갈 때마다 칭찬과 격려를 충분히 해 줄 필요가 있다.

교사는 학생의 환경 행동에 대해서 결과뿐만 아니라 과정도 평가해 주어야 한다. 이는 학생이 환경에 대한 이해를 높이고 친환경적 행위를 지속적으로 하는 데 도움을 줄 수 있다.

무엇보다 교사와 학생의 상호작용을 통해서 환경교육이 잘 이루어질 수 있도록 하기 위해서는 학생을 이해하려는 마음가짐이 중요하다. 이 마음가짐을 가지고 학생들이 자연에 마음을 열고, 자신의 삶을 돌아보도록 하는 데 중점을 두어야 한다. 또, 교사는 한 시간에 너무 많은 것을 가르치려고 하기보다 학생들이 수업에서 한 가지 의미 있는 경험을 하도록 하는 데 중점을 두도록 한다. 이와 관련하여 다음 장에서는 의미 있는 교수학습방법이란 구체적으로 어떠한 것들이 있는지 살펴보도록 하겠다.

교수학습방법 이해

1 교수학습은 환경교육 내용에 대한 교사와 학습자의 상호작용으로, 환경 내용에 대해 교사는 가르치고 학습자는 배우는 것을 말한다.

2 환경 교수학습방법은 전통적인 방법과 대안적인 방법으로 크게 나눌 수 있다. 전통적인 교수학습방법은 지식과 가치 등 기존의 전통문화를 사실로 인정하고 이것을 학생들에게 주입하려는 방법이다. 이 방법은 교사가 교과서를 놓고 학생들에게 일방적으로 강의하는 것을 포함한다. 반면 대안적인 교수학습방법은 전통적인 교수학습방법을 재검토하여 새로운 방법으로 바꾸는 것으로, 학생들은 더 자발적으로 친환경 행동에 참여할 수 있게 된다. 대안적인 교수학습방법은 학생의 창의성과 능동적인 참여를 이끌어 내는 데 매우 좋은 방법이다. 그러나 지식을 체계화시키기 어려울 수 있으며 또 현실적으로 여건이 안 될 수도 있다.

3 인간은 평생 동안 신체발달과 더불어 지각 발달, 언어 발달, 사회성 발달을 경험한다. 그래서 환경교육을 효과적으로 실시하기 위해서는 학생들의 성장 단계를 고려할 필요가 있다.

4 환경교육 교수학습이론 중 인지발달 이론은 학생들의 인지 성장 단계에 따라 교육이 이루어질 때 가장 효과적인 교육성과가 나타난다는 것이다. 인지 성장 단계에 따라 학습자가 물리적 세계를 경험하고 언어를 통해 사회를 경험하여야 한다. 이에 따르면 환경적 지능이 형성되도록 하는 교수학습방법이 필요하다.

5 환경교육 교수학습이론 중 구성주의는 학습자가 학습한 지식을 스스로 구성하며 활용할 수 있다는 이론이다. 즉 학습은 사물 또는 사건에 대한 관찰로부터 시작되고, 학습의 결과는 학습자의 능력에 의존한다는 것이다. 이 이론은 환경교육이 교사의 강의를 주입함으로써 이루어지는 것보다 학생들이 주체가 되어 스스로 학습을 구성하는 것이 더 적합하다고 말한다.

6 환경교육 교수학습에서 고려해야 할 원칙은 크게 네 가지다. 첫째, 계속성의 원칙은, 평생교육의 일환으로써 환경교육은 모든 연령 집단을 대상으로 교육을 해야 한다는 것이다. 둘째, 일상성의 원칙은, 환경교육은 학습자가 살아가는 평범한 장소를 중심으로 이루어져야 한다는 것과 관련된다. 셋째, 균형성의 원칙은, 환경교육은 지적, 정의적, 심체적 영역 어느 한 곳에 치우치지 않고 골고루 이루어져야 한다는 것이다. 넷째, 통합성의 원칙은, 환경문제는 서로 관련되므로 환경을 총체적 시각에서 파악해야 한다는 것과 관련된다. 이 원칙에 따르면 환경문제를 예방하고 해결하기 위해서는 지식, 기능, 참여 등을 통합해야 한다.

7 환경교육 교수학습방법에서 능동적 학습을 위한 방법으로는 질문과 토론, 모둠학습 등이 있다. 능동적인 환경교육을 하기 위해서는 학생들이 자발적으로 참여하지 못하도록 만드는 요소가 무엇인지 발견하고 이를 줄일 수 있는 방법을 찾아야 한다. 자발적으로 환경을 배우는 데 장애가 되는 요소로는 강한 지시, 무시, 도달하기 어려운 목표, 결과만 중시하는 분위기, 자신이 한 행동을 보잘것없다고 생각하는 것, 지나친 경쟁, 입시 위주의 교육 등이 있다.

8 환경교육에서 상호작용자로서의 교사는 학생과 함께 환경에 대해서 배우고 익히는 입장이다.

참고문헌

1. 남상준(1995). 『환경교육론』. 대학사.
2. 서은정(2018). 『환경교육과정』. 교육과학사.
3. Sweeney L. B., & Meadows, D. (2010). *The Systems Thinking Playbook: Exercises to Stretch and Build Learning and Systems Thinking Capabilities*. Chelsea Green Publishing White River Junction.
4. 김고운, 남보은, 전영준(2016). "컴플렉시티 (Complexity) 개념에 대한 고찰 – 생태학 분야 문헌검토를 바탕으로". 『환경철학』, 21, 5-32.

2

[실습 I] 경험학습과 이야기학습

경험학습

1) 경험학습의 특징

일상에서의 구체적인 경험으로부터 시작되는 학습은 학년이 올라갈수록 구체적인 경험보다는 추상적이고 간접적인 학습 경험을 하게 된다. 학습의 핵심은 다양한 경험에 있으며, 학습과정에서 개인의 경험에 대한 반성적 사고 (reflective thinking)를 하는 것이 중요하다.

경험학습은 학생들의 경험에 대한 비판적인 사고를 피드백하도록 하는 학습법으로 학습자 중심의 경험을 다룬다. 즉, 경험학습은 학습자들이 개인적으로 관련되어 있는 일상생활의 환경을 비판적인 사고와 문제해결로 이끌며, 이러한 접근법은 학습의 정리와 새로운 상황에 대한 사고와 반성적 사고, 적용을 통해서 학습한 것을 다시 강화시킬 수 있다.

경험학습은 피아제의 인지발달 이론을 근거로 구상된 학습법으로 학습자에게 지식을 발견시키거나 사고, 탐구기능을 발달시키는 최선의 방법은 환경과의 상호작용에 기초하여야 함을 강조한다. 그러므로 교육자는 학습자의 발달 수준에 적절한 경험을 선정하여 제공하고, 더불어 제공하는 다양한 경험을 학습자들이 체득하도록 도와주어야 한다.

▶ 활동1. 환경에 대한 경험 나누기
환경에 대한 우리의 경험을 이야기해 보자.

1. 최근 환경에 대한 경험 중에서 가장 인상 깊었던 경험을 간단히 적어 보자.
2. 위의 경험으로부터 무엇을 배웠다고 생각하는지 설명해 보자.
3. 위의 경험으로부터 배운 것을 오랫동안 기억할 것으로 생각하는가? 그렇게 생각하는 이유를 적어 보자.

환경에 대한 경험을 토대로 경험학습의 중요성을 알아보자. 예를 들어 가까운 하천에서 붕어, 잉어 등의 물고기가 죽어 있는 것을 경험했다면, 이러한 경험은 환경교육에서 중요하게 활용될 수 있다. 이러한 현상은 폐수 방류 등 하천오염으로 인한 수질오염과 관련이 있으며, 인간 활동으로 인한 환경오염이 수생태계를 훼손하는 현상을 직접적으로 경험하게 해 준다. 이와 같이 일상생활의 환경문제를 실제 경험과 연관시켜 학습하면 학습 결과는 오랫동안 기억될 것이며, 이러한 구체적 경험은 환경에 대한 중요한 지식을 제공해 준다.

2) 경험학습의 고려사항

경험학습은 학습 동기를 유발하고, 복잡하고 추상적인 지식을 효과적으로 학습할 수 있도록 해 준다. 자연에 대한 구체적 경험은 환경에 대한 중요한 지식을 제공해 주며, 이전의 환경 경험을 토대로 학습자의 지식을 넓힐 수 있도록 해 준다.

경험 학습에서 고려할 점은 다음과 같다.

첫째, 학습자의 능동적 학습 활동을 강조한다. 학습은 정보의 기록이나 전달에 의해 일어나는 것이 아니라, 학습자의 능동적인 정보 해석을 토대로 지식을 구성하는 과정이다. 따라서 수업에서는 학습시키고자 하는 지식, 기능, 태도를 능동적인 학습을 통해 구성할 수 있도록 학습 환경을 조성해 주는 것이 중요하다. 지식의 전달보다는 적절한 정보와 전략을 제공하면서, 학습자의 능동적 학습을 활발하게 자극해야 한다.

둘째, 학습을 실제 상황과 연계시켜야 한다. 지식은 지적·물리적·사회적 상황에 의존적이기 때문에 실제 상황에서 적용·습득되는 것이 바람직하다. 학습자가 이미 습득한 다양한 지식을 새롭게 당면한 문제와 연관시킴으로써 실제 상황 내에서 적절한 이해가 이루어지도록 하는 것이 중요하다.

셋째, 학습자의 협동학습을 강화해야 한다. 실제 문제 해결은 협동적인 과정을 통해 이루어지기 때문에 개인의 주관적 지식을 타인들과의 상호 작용을 통해서 그 타당성이 검증될 수 있도록 협동학습을 강화한다.

3) 경험학습 사례

경험학습 과정에 대한 이해를 위해 '주머니쥐' 게임을 살펴보자. 주머니쥐는 모피 산업을 위해 호주에서 뉴질랜드로 들여온 동물이다. 그러나 모피 산업이 붕괴되고 주머니쥐 사냥이 중단되면서 주머니쥐의 개체 수는 급격히 증가했다. 주머니쥐는 먹이가 풍부하고 천적이 없는 뉴질랜드 숲에서 크게 번성하면서 개체 수는 수백만 마리로 늘어나 뉴질랜드 숲에서 환경적으로 유해한 동물로 여겨지고 있다.

▶ 활동2. 주머니쥐 게임

이 게임은 숲 생태계에서의 주머니쥐 영향에 대한 놀이로 도입종(외래 유입종)으로 인한 환경문제를 경험할 수 있도록 한 교육 활동이다. 이 활동을 하면서 우리 지역의 도입종에 대해 생각해 보자.

- 사전 준비
- 개방된 공간에서 활동한다.
- 약 15×15m 사각형 모양의 경계선을 표시한다.
- 참가자 중 두 사람을 주머니쥐 역할자로 지명한다.
- 나머지 참가자는 모두 나무 역할을 맡는다. 나무는 주머니쥐를 피해 어디든지 갈 수 있지만, 경계선 안에 있어야 한다.

- 활동 (1)

주머니쥐 역할을 맡은 두 사람은 경계선 안에서 서로 손을 잡고 자유롭게 팔을 뻗어 나무 역할을 맡은 사람들을 잡으러 주위를 뛰기 시작한다. 붙잡힌 나무는 주머니쥐 역할을 함께 수행한다. 주머니쥐 역할을 맡은 집단은 한 줄로 길게 손을 잡고 남아 있는 나무를 잡기 위해 이동하며, 양 끝에 있는 두 사람만이 나무를 붙잡을 수 있는 역할을 한다. 주머니쥐 역할을 하는 줄이 점점 더 길어지고 넓은 지역을 덮게 되면서 결국 나무들은 사라지고, 모두 주머니쥐가 되어 게임이 종료된다.

- 정리 (1)

참가자에게 다음과 같은 질문을 한다.
- 주머니쥐는 왜 그렇게 파괴적일까?

- 만약 주머니쥐를 통제하지 않는다면 어떤 일이 일어날까?

활동 (1)에서 주머니쥐의 포식자나 인간에 의한 통제가 부족하다는 점을 지적할 수도 있다. 참가자에게 주머니쥐를 통제할 수 있는 방법이 무엇이 있을지 질문해 보자.

다음과 같은 통제 방법을 도입할 수 있다.
• 덫　　• 사냥꾼　　• 독이 든 미끼　　• 나무 보호자

• 활동 (2)

위에서 제시한 주머니쥐 통제 방법 중 한 가지를 도입하여 활동을 다시 한다. 제시한 통제 방법 중 한 가지 역할을 담당하도록 지명된 참가자는 주머니쥐 수를 줄이기 위해 다음과 같은 방법으로 수행한다.

- 덫 역할을 맡은 사람은 경계선 밖에서 주머니쥐를 붙잡을 수 있으며, 붙잡힌 주머니쥐는 죽고 나무 역할자로 게임에 복귀한다.
- 독이 든 미끼 역할을 맡은 사람은 경계선 안에 작은 흰 원반을 설치한다. 주머니쥐가 그 위에 서거나 지나간다면 그들은 죽고 나무 역할자로 게임에 복귀한다.
- 사냥꾼 역할을 맡은 사람은 작은 공을 경계선 밖에서 주머니쥐에게 던진다. 그것에 맞은 주머니쥐는 죽고 나무 역할자로 게임에 복귀한다.
- 나무 보호자 역할을 맡은 사람은 나무 역할을 맡은 사람의 한쪽 팔에 작은 색 띠를 붙일 수 있고, 주머니쥐는 색 띠가 붙여진 팔을 잡을 수 없다.

첫 번째 통제 방법이 어떤 효과를 내는지 알아보기 위해 2~3분 동안 게임을 한 후 멈춘다. 두 번째 통제 방법을 도입하고 그 효과를 알아보기 위해 2~3분 동안 게임을 한 후 다시 멈춘다. 똑같은 방법으로 다른 통제 방법의 효과를 알아보자.

- 정리 (2)

다음 사항에 대해서 토의를 한다.
- 덫, 독이 든 미끼, 사냥꾼, 나무 보호자는 어떤 역할을 할까?
- 그들이 각자의 역할을 하기 위해서 경계선 주위를 움직일 때 소비되는 에너지의 양은 어떠할까?
- 도입종으로 발생한 문제에는 어떤 것이 있을까?
- 미래에 숲을 보호할 수 있는 효율적인 방법은 무엇일까?

- 토의

1. 이 게임에서의 경험을 생각해 볼 때, 경험학습의 장점과 단점을 생각해 보자.

2. 주머니쥐 사례와 유사한 도입종 사례를 우리나라에서 찾아보자.

3. 주머니쥐 게임을 환경교육에 적용하고자 한다. 몇 학년을 대상으로 하면 좋을지 생각해 보고, 어떤 주제를 가르칠 때 활용하면 좋을지 토의해 보자.

자료: 최돈형 외(2012), 일부 재구성

4) 경험학습 과정 이해

경험학습은 경험과 경험 과정에서 있었던 일련의 활동에 대해 반성해 보는 반성적 사고의 반복이라 할 수 있다. 경험학습의 각 단계별 내용은 다음과 같다.

- 경험 참여 단계 : 특정한 상황의 경험에 참여하고, 영향을 관찰하는 단계
- 경험 처리 단계 : 경험을 하는 동안 어떤 행동을 하고, 무엇을 생각하였는지, 느낀 점을 이해하는 단계
- 일반화 단계 : 행동과 영향에 따른 일반적인 원리를 이해하는 단계
- 적용 단계 : 새로운 상황에 원칙이나 일반화를 적용하는 단계

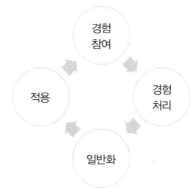

그림1. 경험학습의 단계

▶ 활동3. 경험학습 과정 이해하기

1. 경험학습 과정의 각 단계에서 학습자를 돕기 위한 교육자의 역할은 다음과 같다.

단계	교육자를 위한 지침
경험 참여	특정한 상황의 경험에 참여하고 그 영향을 관찰하는 단계 · 활동을 준비하고 명확한 지침을 제공한다. · 발생할 수 있는 위험 요소를 고려하고 점검한다. · 신체적, 정서적으로 안전한 환경을 제공한다. · 활동 전이나 중간에 제기되는 질문에 대한 명확한 대답을 해 준다. · 학습자들이 적극적으로 활동하고, 다른 학습자들과 협동적으로 활동할 수 있도록 하며, 학습자 중심의 학습이 진행될 수 있도록 돕는다.
경험처리	경험을 하는 동안 행동하고, 생각하고, 느낀 것을 이해하는 단계 · 학습자와 학습자, 학습자와 내용, 학습자와 촉진자 사이의 상호작용을 제시하고, 학습자에게 질문할 것을 준비한다. · 학습자들이 경험학습에 참여하는 동안 답변과 행동을 관찰한다. · 활동시간에 반성적 사고의 시간을 마련한다.
일반화	행동과 영향의 관계에 있는 일반적 원리를 이해하는 단계 · 학습자 개개인에게 그들이 경험한 것이 무엇인지 설명하도록 함으로써 이에 대한 영향을 분석하도록 한다. · 긍정적이고 개방된 형태의 피드백을 제공한다. · 학습자들이 관심을 갖는 것을 확인하고 이를 설명한다.
적용	새로운 상황에 원칙이나 일반화를 적용하는 단계 · 학습자에게 배운 것을 적용할 수 있는 방안을 확인하도록 한다. · 학습자들이 적용 방안을 생각해 본 후 실천할 수 있는 행동 변화를 확인하도록 한다. · 다른 학습자들과 함께 학습 내용을 적용하거나 토의 기회를 제공한다.

2. 다음의 각 설명을 경험학습의 각 단계와 연결 지어보자.

설명	단계
학습자들은 활동을 하는 동안 신체적, 정신적으로 실제 일어났던 것들에 대해 반성적 사고를 한다.	
학습자들은 그들 자신의 행동과 경험에서 생길 수 있는 변화에 관해 생각한다.	
학습자들은 교육자가 일상적인 삶이나 특정한 목표에 적절히 고안한 모의실험에 참여한다.	
학습자들은 그들이 경험했던 것의 의미에 대해 생각하거나 표현한다.	

3. 경험학습은 환경교육과 어떻게 관련되는지 생각해 보자.

이야기학습

1) 이야기학습의 특징

대부분의 사람들은 이야기를 좋아한다. 이야기란 '사건의 서술'로 사건을 늘어놓기만 하는 것이 아니라, '의미 있게 연결된 사건의 서술' 또는 '인과적으로 연쇄된 시간의 서술'이라고 정의할 수 있다. 이야기하기는 스토리텔링(storytelling), 즉 스토리(story)와 텔링(telling)이 결합된 합성어로 이야기를 쓰거나 말하는 행위를 포괄하는 용어이다.

사람의 마음을 움직일 수 있도록 재미있게 이야기를 들려주는 것은 중요한 교수 기능이다. 좋은 이야기는 단지 즐거움을 주는 것에서 끝나는 것이 아니라, 학습자들이 주요 개념, 태도, 기능을 학습하는 동안 집중할 수 있게 해 준다.

"환경교육에서 스토리텔링은 대부분 지구에 초점을 두고 지구가 어떻게 창조되었는지, 미래에 대한 현재의 관심은 어떠한지, 지구와 조화롭게 살아가는 것의 중요성을 간과했을 때 어떤 문제가 일어날 수 있는지를 다룬다. 즉 스토리텔링의 중심은 지구와 지구에 살고 있는 인간과의 관계에 대한 민간 설화였고, 지구에서 발생되는 환경문제에 대한 관심이 스토리텔링을 활성화시켰다고 볼 수 있다. 이러한 이야기들은 영감(靈感)을 줄 뿐만 아니라 우리가 지구를 소중하게 여길 수 있도록 하고, 지구를 황폐화시키는 다양한 방식들을 이해할 수 있게 해 준다."[2]

2) 이야기학습 사례

이야기학습 사례를 통해 이야기학습에 대해 생각해 보자. 〈활동 4〉의 이야기는 각자 읽을 수도 있으며, 다른 사람의 이야기를 통해 들을 수도 있다.

▶ 활동4. 이야기 읽기

'현명한 이누이트'에 관한 이야기를 읽어 보자. 이누이트는 북아메리카 북부의 토착민을 부르는 이름이다.

현명한 이누이트

이누이트는 짧고 온화한 여름과 길고 매서운 겨울이 있는 캐나다 북쪽의 북극 지방에 거주한다. 이곳은 여름에는 수많은 곤충과 모기, 피를 빨아먹는 곤충(각다귀)이 사람과 동물들을 불편하게 한다. 반면 겨울에는 매서운 추위가 있긴 하지만 이러한 곤충들이 사라지기 때문에 좀 더 쾌적하다. 그러나 한겨울에는 햇빛이 비치는 시간이 거의 없고, 세찬 바람이 눈보라를 일으켜 사방이 새하얗게 되어 사물이 구별되지 않는 상태가 되기도 한다. 이러한 환경에서 이누이트는 어떻게 생존하는 것일까?

그 해답은 현명함에 있다. 그들은 식량을 찾고 안식처를 만드는 등 일상의 문제에 대한 해결책을 찾는 능력이 있다. 현명함의 예로 식량과 모피의 주요한 원천인 늑대를 사냥하는 전통적인 방법을 들 수 있다. 이누이트는 빠르기로는 늑대의 상대가 되지 못한다. 그래서 그들만의 지혜를 이용해 늑대를 사냥한다.

둥근 U자 형태의 뼈를 만들기 위해서 순록의 유연한 갈비뼈 한 조각의 양 끝을 갈아 날카롭게 하고, 바다표범 고깃덩어리로 감싼 후, 늑대가 발견할 수 있는 눈 위에 고기 한 덩어리를 던진다. 배고픈 늑대는 신선한 고기를 보고 한입에 꿀꺽 삼킬 것이다. 이누이트는 인내를 가지고 늑대를 지켜보며 추적한다. 고깃덩어리가 늑대의 뱃속에서 소화가 되면서 고깃덩어리에 싸여 있던 뼈가 드러나게 된다. 현명한 이누이트는 인내를 가지고 계속 기다린다. 늑대는 날카로운 뼈에 의해 장기에 상처를 입고 비틀거리기 시작한다. 시간이 지나 늑대는 고통스럽게 울 것이고, 더 이상 뛸 수 없게 된다. 이때 이누이트는 늑대를 사냥한다. 이누이트는 이러한 현명함으로 식량과 의복을 얻을 수 있게 된다.

---

1. 현명한 이누이트 이야기가 흥미로운 이유를 생각해 보자.

2. 재미있는 이야기들의 공통적인 특징들을 생각해 보자.

　예) 생생한 묘사

3. '현명한 이누이트' 이야기를 편안한 자세로 눈을 감고 들어보자. 읽을 때와 비교하여 어떤 느낌이 들었는지 생각해 보자.

자료: 최돈형 외(2012) 일부 재구성[5]

3) 이야기의 가치

"이야기는 우리의 감정을 지배하고 이야기와 우리를 연결하는 힘을 가지고 있다. 이야기는 사고, 정보와 아이디어의 1차적인 조직자이며, 문화의 영혼이자 사람들의 의식이다. 이야기는 우리들이 쉽게 알고, 기억하며, 이해할 수 있는 방법이다."[6]

이야기가 우리와 우리의 문화에 있어 중요한 이유는 다음과 같다.

- 이야기는 신념, 삶의 규칙뿐만 아니라 정보를 담고 있으며 이를 간추린다.
- 이야기는 다른 시대와 다른 장소를 떠올리게 하고, 현시점의 제한된 경험에서 벗어나게 해줌으로써 실제 상황에 대한 새로운 시각을 제공해 준다.
- 이야기는 특정한 갈등과 갈등 해결 양상을 포함하면서 시작-중간-끝이라는 일정한 구조를 가진다. 이러한 전개는 우리가 이야기와 비슷한 문제 상황에 처해 있을 때 해결책을 찾는 데 도움이 될 수 있다.
- 이야기는 느끼는 방식을 명확히 하는 데 도움을 주고, 변화에 대한 욕구를 가속화할 수 있는 정서적 반응을 불러일으킨다.
- 이야기는 대부분 의사소통을 가능케 한다. 이야기 듣기는 유대감을 형성할 뿐만 아니라, 이야기가 끝나면 자연스레 상호 간의 반응을 공유하고 이야기를 나누게 한다. 마찬가지로 좋은 이야기는 그것을 다른 사람에게 다시 말해 주고 싶은 욕구를 불러일으킨다.
- 이야기는 잊지 못하거나 긴장이 많은 경험을 하게 함으로써 숙달된 느낌을 다시 얻고, 새로운 통찰력을 개발하게 한다.
- 이야기는 종종 토착민의 관점을 반영해 지속성에 관한 교훈을 준다.

이야기가 우리의 삶에 중요한 이유를 생각해 보자.

4) 좋은 이야기 찾기와 말하기

이야기는 책, 소설, 시, 노래 등 다양한 장소에서 발견될 수 있으며, 춤, 인형극, 영화, 다큐멘터리를 통해 전해진다. 교육자에게 이야기를 환경수업에 활용하는 것 못지않게 중요한 일은 좋은 이야기를 찾아 잘 정리해 두는 것이다. 지역에 관한 좋은 이야기를 찾아보고, 그 이야기들의 유래를 알아봄으로써 풍부한 교육 자료로 활용이 가능하다.

이야기를 말하는 것은 하나의 예술이다. 때때로 우리는 공개적으로 이야기하는 것을 부끄러워하지만, 이야기하는 기술은 연습을 통해 발달시킬 수 있다. 자신감 있고 신나는 이야기꾼이 되려면 '좋은 이야기'를 선정하는 것뿐만 아니라, 말하는 능력을 발달시키기 위한 연습이 필요하다.

효과적으로 이야기하는 6가지 원리는 다음과 같으며, 이 중에서 수업 상황에 적합하다고 생각하는 원리를 선택해 사용하면 된다.

표1. 이야기 훈련의 6가지 원리

원칙	내용
이야기 선정	학생들이 듣고 싶어 하고 즐거워하는 이야기를 선택해야 한다. 학생들은 유머, 놀라움, 긴장감, 흥미 있는 등장인물과 뚜렷한 스토리가 있는 이야기를 좋아한다. 그러나 이야기는 수업의 주요 부분으로서 시간 때우기가 되어서는 안 되며, 학생들이 쉽게 말할 수 있고 또 이해할 수 있는 것이어야 한다.
시간 배정	이야기를 배우려면 다른 산만한 것에서 벗어나 시간을 할애해야 한다. 이야기를 여러 번 읽고 줄거리의 주요 사건, 인물과 성격, 다양한 목소리 연습을 위한 시간이 있어야 한다.
실제 이야기하기	이야기를 조용히 몇 번 읽은 후에 크게 읽어 본다. 강조, 반복, 시작, 종결에 필요한 부분에 유의해야 한다. 이야기는 단어를 학습하기 위한 것이 아니라는 점을 유의하며, 자신의 언어로 편안하게 말하는 부분을 고려해야 한다. 큰 소리로 말하는 것은 듣기에 어떤 소리가 좋은지, 혹은 그렇지 않은지를 알 수 있게 한다.
이야기 구조	이야기 구조에 관한 메모를 한다. 주요 단어, 구절 혹은 문장만을 기록하는 것이 중요하다.
책 없이 이야기하기	한 이야기의 시작과 끝을 기억하려고 노력해야 한다. 반복되는 대화를 암기하는 것이 중요하며, 책을 보지 않고 큰 소리로 말해 본다. 등장인물이 어떻게 말하는지 들어보고 강조해야 할 부분에 주의를 기울여본다. 이야기를 녹음하는 것은 너무 부드럽거나 너무 크거나 웅얼거리는 부분을 확인하는 데 좋은 방법이다. 만일 듣기를 통해 이야기하는 것을 배우려면 기회가 될 때마다 반복해서 듣는 것이 좋다.
이야기 연습하기	이야기를 들려줄 사람을 찾아 이야기를 한 후 피드백을 요청한다. 어느 부분을 잘 했는지, 어느 부분이 개선되어야 하는지, 놓친 부분이 있는지, 어려운 단어나 구절이 있는지 물어본다. 그 후 몇 번 연습한다. 연습을 많이 하면 할수록 이야기는 더 좋아질 것이다.

5) 토착 이야기 활용

토착 이야기는 TV와 영화, 그리고 광고에서 흔히 전해주는 이야기와는 다른 메시지를 갖고 있기 때문에 환경교육에서 그 의미와 가치가 있다. 토착 이야기는 지역에 기반을 둔 환경교육의 중요성에 비추어 지역사회의 다양한 주제를 가르치는 데 매우 유용하다.

다음은 북미 원주민 시애틀 추장(1786~1866)의 연설문에서 발췌한 이야기이다.

▶ 활동5. 인디언 추장 시애틀(Chief Seattle)의 연설문

1885년 미국의 제14대 대통령 프랭클린 피어스(Franklin Pierce)는 지금의 워싱턴 주에 살던 북미 인디언 수와미 족(SUWAMISH TRIBE)의 시애틀 추장에게 그의 땅을 정부에 팔아 달라고 요청했다. 이에 대해 시애틀 추장은 피어스 대통령에게 다음과 같은 내용으로 답신했고, 미국정부는 독립 200주년을 기념하여 그 내용을 공개하였다.

> 워싱턴에 있는 위대한 지도자가 우리 땅을 사고 싶다는 요청을 해 왔습니다. 그 위대한 지도자는 또한 우정과 친선의 말들을 우리에게 보내왔습니다. 이것은 매우 고마운 일입니다. 그러나 우리는 당신의 제의를 고려해 보았습니다. 왜냐하면 만약 우리가 그렇게 하지 않는다면 백인들이 우리의 땅을 빼앗아 갈 것이라는 것을 알기 때문입니다.
> 어떻게 당신은 하늘과 땅의 체온을 사고팔 수가 있습니까? 그러한 생각은 우리에게는 매우 생소합니다. 더욱이 우리는 신선한 공기와 반짝이는 물을 소유하고 있지도 않습니다. 그런데 어떻게 당신이 그것을 우리한테서 살 수 있겠습니까? 이 땅의 구석구석은 우리 백성들에게 신성합니다. 저 빛나는 솔잎들, 해변의 모래톱,

어두침침한 숲속의 안개, 노래하는 온갖 벌레들은 우리 백성들의 추억과 경험 속에서 성스러운 것들입니다.

우리는 백인들이 우리의 생활 방식을 이해하지 못하고 있다는 것을 알고 있습니다. 땅은 그들의 형제가 아니라 적입니다. 그들이 어떤 땅을 정복하면 그들은 곧 그곳으로 옮겨옵니다. 그들의 왕성한 식욕은 그곳을 황무지로 만들어 놓고 맙니다. 도시의 모습은 우리 인디언들의 눈을 아프게 합니다.

그러나 그것은 아마 우리가 야만인이어서 이해하지 못하는 탓이겠지요.

내가 만일 당신의 제안을 받아들이기로 한다면 나는 하나의 조건을 내놓겠습니다. 그것은 백인들이 이 땅에 사는 동물들을 형제처럼 생각해야 한다는 것입니다. 동물들이 없다면 인간은 무엇입니까? 만일 모든 동물들이 사라져 버린다면 인간은 영혼의 고독 때문에 죽게 될 것입니다. 왜냐하면 동물들에게 일어나는 일들은 그대로 인간들에게 일어나기 때문입니다. 백인들이 언젠가는 발견하게 될 한 가지 사실을 우리는 알고 있습니다. 그것은 당신네 신과 우리의 신은 같은 신이라는 사실입니다. 당신들이 우리의 땅을 소유하고 싶어 하는 것처럼, 신도 당신들이 소유하고 있다고 생각할지도 모릅니다. 그러나 그럴 수는 없습니다. 그것은 인간의 신입니다.

그리고 신의 연민은 인디언이나 백인들에게 동등합니다. 이 대지는 신에게 소중한 것입니다. 그리고 대지를 해치는 것은 조물주에 대한 모독입니다. 백인들도 역시 소멸할 것입니다. 다른 종족들보다 더 먼저 소멸할지도 모릅니다. 보금자리를 계속해서 오염시킨다면, 오물 속에서 질식하게 될 것입니다. 들소들이 모두 살육당하고 야생동물들이 모두 길들며, 성스러운 숲속이 인간의 냄새로 가득 찰 때, 잡목 숲과 독수리는 어디서 찾을 수 있겠습니까? 그것은 바로 삶의 종말이요, 죽음의 시작입니다.

백인들의 도시에는 조용한 곳이라곤 없습니다. 어느 곳에서도 봄바람에 흔들리는 나뭇잎 소리며 벌레들이 날아다니는 소리를 들을 수 없습니다. 내가 야만인이 어서 이해를 못하기 때문이겠지만 소음은 내 귀를 상하게 합니다. 만일 사람이

쏙독새의 아름다운 울음소리나 개구리의 울음소리를 듣지 못한다면 인생에 남는 것이 무엇이 있겠습니까?

북미의 인디언들은 비로 씻기고 소나무 향기가 나는 부드러운 바람소리를 더 좋아합니다. 공기는 인디언들에게 아주 소중한 것입니다. 동물과 나무도 인간들과 똑같이 숨을 쉽니다. 백인들은 자기들이 들이마시는 공기의 중요성을 깨닫지 못하고 있는 것 같습니다. 그들은 오랫동안 죽을병에 걸려 신음하는 사람들처럼 냄새를 알지 못합니다.

우리가 백인들이 꾸고 있는 꿈과 그들이 긴긴 겨울밤에 그들의 자녀들에게 그려주는 희망과 그들이 마음속에 불태우고 있는 미래의 비전을 알게 된다면 우리는 이해를 할 수 있을 지도 모르겠습니다. 그러나 우리는 야만인들입니다. 백인들의 꿈은 우리들에게는 감추어져 있습니다. 그리고 그것들이 감추어져 있기 때문에 우리는 우리의 길을 가게 될 것입니다. 만일 우리가 동의한다면 우리는 당신이 약속한 인디언 거주지를 확보하게 될 것입니다. 거기서 우리는 우리가 바라는 대로 짧은 생애를 마치게 될 것입니다. 이 땅에서 마지막 인디언들이 사라지고 오직 광야를 가로질러 흘러가는 구름의 그림자만이 남더라도 이 해변들과 숲들은 여전히 우리 백성들의 영혼을 간직하고 있을 것입니다. 왜냐하면 그들은 갓난아기가 엄마의 심장에서 들려오는 고동소리를 사랑하듯 이 땅을 사랑하기 때문입니다. 만일 우리가 우리의 땅을 당신에게 팔려고 한다면 당신은 우리가 그 땅을 사랑하듯 사랑하고, 우리가 보살피듯 보살피며, 그 땅에 대한 기억을 지금의 모습대로 간직하십시오. 그리고 당신의 모든 힘과 모든 능력과 모든 정성을 기울여 당신의 자녀들을 위해서 그 땅을 보존하고 또 신이 우리를 사랑하듯 그 땅을 사랑하십시오.

당신의 신도 우리의 신과 같은 신이라는 한 가지 사실을 우리는 알고 있습니다. 신에게 있어서 대지는 소중한 것입니다.

백인들일지라도 공동의 운명으로부터 제외될 수는 없습니다.

자료: 최돈형 외(2012) 일부 재구성[5]

1. 위 이야기로부터 느낀 점을 이야기해 보자.

2. 위 이야기를 환경 수업에 활용하여 어떤 교육 목표를 달성할 수 있는지 생각해 보자.

생각해 볼거리

1 환경수업에 활용할 수 있는 우리나라 토착 이야기를 찾아보자.

2 우리나라 토착 이야기 중에서 한 가지를 선정하여 환경수업에 활용하기 위한 계획을 세워보자.

참고문헌

2. Gersie, A. (1992) Earthtales: Storytelling in Times of Change, Green Print, London.

1, 3, 5. 최돈형, 조성화, 안재정, 홍현진, 정국초(2012).『교사가 실천하는 지속가능발전교육 미래세대와 동행하기』. 유네스코한국위원회.

4. Livo, N. and Rietz, S. (1986) Storytelling: Process and Practice, Libraries Unlimited, Colorado.

3
—
[실습Ⅱ] 탐구학습과 가치탐구학습

탐구학습

1) 탐구학습의 특징

환경문제의 해결에는 학습자가 체득한 환경지식이나 개념을 가치화, 생활화할 수 있는 효과적인 방안이 필요하다. 이를 위해서는 생활주변에서 환경문제를 스스로 찾고, 문제를 해결하기 위한 방법에 이르기까지 학습자 스스로 할 수 있도록 하는 교수학습방법이 필요하다.

일반적으로 탐구의 과정은 탐구가 이루어지는 단계와 절차를 말하며, 그 활동은 탐구의 수단을 의미한다. 탐구 학습에는 토의토론, 실험실습, 야외실습, 조사, 견학, 사례연구, 과제연구 등 다양한 활동이 포함된다.

탐구학습은 학습자 중심의 교수학습방법으로 교실과 지역 사회에서 자료 수집, 자료 분석, 문제 발견, 문제 해결 등과 같은 몇 가지 형태로 구성된다. 탐구학습에서 가장 중요한 것은 학습자 스스로 결론에 도달하기 위해 수집된 자료를 분석할 수 있어야 한다는 점이다.

2) 탐구학습의 이해

많은 일상의 경험 속에서 탐구학습을 구분하는 것은 탐구학습 이해의 첫 걸음이다. 다음의 4가지 사례를 살펴보자.

▶ 활동1. 탐구학습 이해하기

1. 초등학교 체험학습 시간

6학년 학생들이 오늘 활동에 대해 이야기하고 있다.

학생 1 : 오늘은 얼마나 걸어야 하니?

학생 2 : 내가 알기론 먼 거리야.

학생 3 : 왜 우리가 숲을 통과해서 그런 먼 거리를 걸어야만 하는 거지?

학생 4 : 음식과 물을 충분히 가지고 왔는지 확인해 보자.

학생들은 체험학습에 모두 참여해야 한다는 것을 제외하고는 그들이 어디로 향하는지에 대해 아는 것이 전혀 없다. 음식을 먹기 위해 멈추는 시간을 제외하고는 교사는 신속하게 숲을 통과해 걷도록 이끌고, 학생들은 멈추어 주위를 둘러볼 충분한 시간도 없다.

2. 중학교 사회 시간

이곳은 1인용 책상 30개가 있는 중학교 3학년 교실이다. 책상은 6개씩 5줄로 배열되어 있다. 학생들은 모두 칠판의 내용을 조용히 받아 적고 있다. 학생들은 이미 공책에 많은 내용을 깔끔하게 정리한 듯하다. 그들은 거의 이야기를 하지 않는다. 교사는 종종 학생들에게 칠판에 적은 정의와 도표를 옮겨 적도록 지시한다. 교실 뒤편에 있는 3명의 학생들은 창밖에서 일어나는 일에 정신이 팔려 있다가 교사에게 학업에 열중하라는 주의를 받았다.

3. 고등학교 지리 시간

교실은 시끄럽고 매우 분주해 보인다. 학생들은 모둠으로 모여 앉아서 하나의 쟁점에 대해 열심히 토의하고 있다. 각 모둠은 농부, 상담자, 개발업자, 지역 주민 등 서로 다른 역할을 맡았다. 그들은 도시 주변의 농지를 골프장으로 바꾸는 것에 대한 찬반 여부를 결정해야 한다. 교사는 학생들이 질문을 하면 대답해 준다. 학생들은 더 많은 정보를 얻기 위해 인터넷을 찾아보거나 전문가에게 이메일로 문의를 한다. 모둠에서는 쟁점 논의를 위한 모의 지역회의를 개최하고자 의견을 모으고 있다.

4. 중학교 과학 시간

이 수업에서는 학생들이 지역 하천의 수질 분석을 학습하고 있다. 몇몇 학생들은 지금은 이상한 냄새가 나지만, 예전에는 하천에서 수영을 하곤 했었다고 얘기한다. 학생들은 여러 가지 검사를 준비했고, 교사는 학생들이 결정해야 할 실험과 결과 분석 방법에 대해 도움을 줄 것이다. 학생들은 이렇게 말한다. '선생님은 항상 우리가 잘할 수 있는 일을 선택하게 하고 적절한 방법을 알려 주신다.' '나는 우리가 발견한 모든 것에 대해 시에 가서 말하고 싶다. 왜냐하면 우리 지역 하천에서 발생하는 일에 대해서 어떤 해결책을 제시할지 알 필요가 있기 때문이다.'

자료: 최돈형 외(2012) 일부 재구성[1]

1. 위 4가지 수업 사례에서 일어나는 학습의 특징을 학생 활동, 교사 활동, 장소, 학습에 대한 참여의 관점에서 설명해 보자.

2. 위 4가지 수업 사례에서 탐구학습의 특징을 잘 반영하고 있는 수업 사례를 찾아보고, 그 이유를 생각해 보자.

3) 탐구학습의 유형

탐구학습에는 주제와 학습자의 배경 지식 및 지도자의 학습 목적에 따라 여러 가지 접근법이 있다. 어떠한 방법도 전적으로 지도자 중심이거나 학습자 중심일 수 없다.

다음은 탐구학습의 몇 가지 유형들이다.

- 실험실습 : 학습자는 지도자의 시범을 보고 지시나 지침서를 따라 한다.
- 문제해결 : 지도자나 학습자들이 문제를 선택한다. 문제해결의 목적은 학생들로 하여금 문제의 배경을 조사하고 해결방안을 찾도록 하는 것이다. 여러 해결방안의 장점과 단점을 비교해 가장 적합한 것을 선택해야 한다. 배경 자료와 분석 방법 및 평가 준거는 지도자와 학습자 모두에게 제공된다.
- 발견학습 : 발견학습은 더 개방적인 문제해결 유형이다. 지도자는 주제에 관한 활동을 안내하거나 학생의 호기심과 열정을 유도하는 문제를 제공하지만, 그다음에 학습자로 하여금 스스로 그들이 지식을 발견할 수 있도록 조사 방향과 유형을 결정하도록 한다.
- 창조적 활동 : 이것은 가장 개방적인 유형의 탐구로 주제를 보는 새로운 방법, 문제에 대한 해결방안, 개념 및 감정에 대한 예술적 표현 같은 것들이다.

4) 탐구학습과정

탐구학습은 학습자들이 조사하면서 배울 때 일어난다. 즉 지도자로부터가 아닌 학생 스스로 무언가를 발견하는 것이다. 탐구학습 과정의 4단계는 다음과 같다.

- 1단계 : 도전

중요한 질문이나 쟁점 및 문제를 인식하게 되면서 학습자들은 호기심이 생기거나 좀 더 탐구하기 위한 도전의식을 느끼게 된다. 이후 조사를 위한 특정 질문이나 쟁점 및 문제를 분명하게 하고, 문제를 정의 및 재정의한다.

- 2단계 : 능동적인 조사

학습자들은 능동적으로 자료를 수집하고 조사 활동을 수행한다. 문제에 대해 고민하고, 상상하고, 예견하며, 이미 알고 있는 것을 수행하고, 문제를 해결하기 위해 노력한다. 수집한 자료를 분석 · 해석하는 단계이다.

- 3단계 : 일반화하기

학습자들은 자신들이 발견한 것을 종합 · 일반화한다.

- 4단계 : 반성적 사고

학습자들은 자신이 수행한 방법을 되돌아볼 필요가 있다. 발전 여부를 파악하고 새로운 것을 계획 · 평가하며, 가능한 활동을 판단하기 위해 고찰 · 확인한다.

앞서 제시한 4가지 수업 사례에서 탐구학습과 탐구학습이 아닌 사례를 비교하면 다음과 같다.

구분	수업 사례	설명
탐구학습	중학교 과학 고등학교 지리	두 학습 모두 탐구 학습이 가능하다. 학생들은 자신의 학습을 수행하거나 문제를 해결하는 방법을 찾기 위해 쟁점에 대한 '탐구'를 한다. 중학교 2학년은 운동장에 있고 고등학교 1학년은 교실에 있다.
탐구학습이 아닌 학습	초등학교 체험학습 중학교 사회	두 학습은 탐구 과정이 전혀 없다. 6학년 체험학습 시간은 그저 숲을 걷고, 중학교 사회 시간은 교사가 칠판에 적은 내용을 수동적으로 받아 적고 있다. 만약 교사가 학생들이 숲 걷기를 통해서 발견한 쟁점에 대해 논의하고 문제를 더 면밀하게 조사할 수 있도록 이끈다면, 숲 걷기는 나중에 탐구를 위한 동기로 이용될 수 있다.

5) 탐구학습 사례

이 활동은 4단계 탐구학습 과정을 이해하기 위한 탐구학습의 사례로, 학습 주제는 '연안 오염'이다. 이 학습은 크게 2개의 단계로 구성되어 있는데, 먼저 지도의 자료를 분석하고, 질문들을 통해 발견한 것을 답하고, 일반화하고 학습한 것에 대해 반성적으로 사고하는 과정이다.

▶ 사례1. 연안 오염

지역 주민들에게 중요한 쟁점에 직면해 있는 연안 오염에 대해 학습한다.

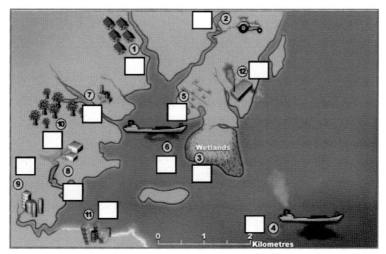

자료: 최돈형 외(2012) 일부 재구성[2]

위 지도에 대한 설명이다.

① 물, 만, 강, 홍수림 습지대, 도시 및 산업 중심지의 위치를 숙지하며 지도를 살펴보자.

② 제시되는 12가지 오염사건을 읽고, 위 지도에서 그러한 일이 일어날 것으로 예상되는 장소에 오염사건 (A~L)을 각각 표시해 보자.

오염 사건 A : 하수를 1차 처리만 한 대도시의 해변이 대장균으로 오염됐다.

오염 사건 B : 공동체의 노력으로 넓은 규모의 홍수림과 초지가 손상되지 않고 습지대로 보존되었다.

오염 사건 C : 밝은 오렌지 색깔의 독한 냄새가 나는 오염 물질이 도시 급수 배수관을 따라 지역의 작은 하천으로 흘러 들어간다.

오염 사건 D : 급수 배수시설에 스며든 독성 물질을 조사하기 시작했다.

오염 사건 E : 하수를 처리하는 인공 습지에 대한 시험적인 연구 계획이 성공적이어서 다른 곳에서도 시작되었다.

오염 사건 F : 강변 중앙의 거주 지역에 대한 토양 시험 결과 높은 수준의 오염이 나타났다.

오염 사건 G : 어획사업 계획이 바다에 독성 물질을 내뿜는 공장으로 인해 마찰을 빚고 있다.

오염 사건 H : 처리되지 않은 오염 물질이 강으로 방류되어 물고기들이 폐사한 사실이 보도되었다.

오염 사건 I : 선박 사고로 기름이 누출되어 홍수림 습지대의 많은 부분이 위협받고 있다.

오염 사건 J : 하수 처리수가 숲 가꾸기에 성공적으로 이용되어 공해가 줄고 작물들이 생산되었다.

오염 사건 K : 농장의 농약 살포로 인해 물고기들이 다량으로 폐사했다고 보도되었다.

오염 사건 L : 잠시 정박한 배가 밸러스트 수(ballast water, 선박 평형 수)를 배출하는 동안 외래종이 유입되었다.

1. 위 사례에서 어떤 종류의 오염 물질이 바다로 유입되고 있는지 찾아보자.

2. 어떤 사건이 지역과 연안, 바다에 가장 큰 영향을 끼쳤는지 찾아보자.

3. 위 사례에서 발견한 것을 중심으로 일반화할 수 있는 결론을 2가지만 작성해 보자.

예시) 연안 오염은 여러 가지 종류의 오염원으로 인해 복잡한 문제이다.

가치탐구학습

1) 가치탐구의 이해

환경교육은 환경과 관련된 환경적 쟁점에 관해 책임 있는 결정을 할 수 있는 소양 있는 시민 육성을 중요한 목적으로 하며, 환경수업에서 이러한 쟁점들에 대한 의사결정 능력의 함양은 환경 소양과 관련지어 중요하게 다루어진다.

환경과 관련된 가치문제에 대해 합리적인 가치판단을 하고, 현명한 의사결정을 하기 위해서는 환경적 지식이 필수적인 요소이다. 그러나 합리적인 의사결정을 하기 위해서는 가치를 명료화하고 그 가치를 지식과 관련지을 수 있어야 한다. 또한 주어진 정보를 이해하고 쟁점을 인식하며, 여러 가지 대안에 대한 비교를 통해 합리적인 선택을 하는 능력이 요구된다. 이와 같이 가치문제를 합리적으로 분석하고 적용하는 능력을 가치탐구 능력이라 할 수 있다.

가치탐구학습에 대한 이해를 위해 가치관과 태도에 대해 알아보면, 가치관과 태도는 타인과의 관계 형성과 환경에 대한 행동에 영향을 주므로 환경교육에서 중요한 요소이다. 즉 가치관과 태도는 인지적인 이해와 분리될 수 없고 인간 행동의 정서적인 차원과도 관련된다. 이러한 관점에서 가치관과 태도는 유사한 점도 있지만 몇 가지 다른 점도 있다.

가치관은 일반적으로 생각이나 행동의 가치를 판단하는 오랜 기간의 기준이며 원칙이다. 그것은 우리가 무엇이 좋고 나쁜지, 또는 옳고 그른지를 결정하는 기준을 제공한다. 반면에 태도는 우리가 사람들이나 사건에 대해 독특한 방식으로 대응하고 반응하는 것으로, 가치관처럼 깊이가 있기보다는 경험의 결과로서 자주 바뀐다.

2) 가치탐구학습 사례

이 활동은 아프리카에서의 코끼리 문제 사례 연구를 통해 동물 보존에 대한 서로 다른 가치를 살펴보는 기회를 제공한다.

▶ 활동2. 코끼리 딜레마

1979년 아프리카에는 약 130만 마리의 코끼리가 있었다. 하지만 1995년까지 동아프리카에서 80%의 코끼리가 사라져 30만 내지 60만 마리로 줄었다. 인구 증가에 따라 코끼리 서식지에서 인간 활동이 증가하고, 상아에 대한 세계적인 수요를 충족시키기 위해 코끼리 밀렵이 증가한 것이 코끼리 개체 수 하락의 주된 요인이었다. 이에 멸종위기에 처한 야생동·식물종의 국제거래에 관한 협약(CITES)은 1999년에 상아와 코끼리 관련 상품의 무역을 금지했다. 그러나 아프리카 코끼리의 보존은 야생동물 관리에서 복잡한 쟁점이다. 개선된 반(反) 밀렵에 대한 조처와 엄격한 무역 금지령으로 몇몇 지역에서 코끼리 수가 급격하게 증가했지만, 코끼리가 살아갈 수 있는 지역은 여전히 제한되어 있었다. 이것은 지역 생태계의 종 다양성을 위해 코끼리 수를 조절하거나 다른 서식지로 이전하는 등 새로운 관리전략이 필요했다. 코끼리 수 조절은 논쟁의 여지가 있는 관리 전략이다. 몇몇 사람들은 아름답고 위엄 있는 동물을 죽이는 것은 잔혹하다고 했다. 그러나 또 다른 사람들은 코끼리가 너무 많아 점점 문제가 되고 있는 농작물 피해와 생태계 파괴를 염려했다. 정부는 조절로 인해 죽은 코끼리에서 얻어낸 상아를 어떻게 처리해야 하는지 고민해야 했다. 아직까지 이들 국가 대부분은 국가 수입이 낮은 수준이며, 일부는 그들로 하여금 합법적으로 얻은 상아의 비축분을 수출해 돈을 버는 것을 막는 것은 불공평하다고 주장했다. 2000년 4월에 CITES의 통제하에 코끼리 개체 수 감소를 위한 무역 금지령을 다소 완화해 아프리카 국가들이 상아수출로부터 수익을 낼 수 있도록 권한을 부여했다.

1. 만약 당신이 2000년 4월 CITES 회의에 참석한 기자라면, 코끼리 딜레마에 대한 취재를 위해 누구를 면담해야 할지 적어 보자.
2. 상아와 그 밖의 다른 코끼리 관련 상품의 무역 금지령을 다소 완화시키는 것에 대해 찬성하는 주장과 반대하는 주장을 각각 적어 보자.

찬성:
반대:

3) 지속가능성의 윤리

지속가능성의 윤리만이 사람과 사람, 사람과 지구의 관계를 바꿀 수 있다. 생활양식은 선택과 가치의 문제로 개인, 단체와 사회가 선택하는 가치에 따라 달라진다. 이러한 문제는 자원이 제한되어 있고, 수요로 인한 분쟁이 있을 때 발생한다.

윤리는 이러한 분쟁을 해결하는 데 도움을 준다. 무엇이 옳고, 무엇이 가장 보람 있는가를 살피게 함으로써 사람들의 선택에 포함된 가장 중요한 쟁점에 관해 생각하도록 한다. 윤리는 삶의 딜레마에 대한 쉬운 답을 주지는 않지만 그들 자신뿐만 아니라 다른 사람에게도 가장 큰 이익을 주는 선택을 하도록 도와주고, 그런 선택이 때때로 요구하는 희생을 감수하도록 동기를 부여한다. 제한된 자원, 가치관의 갈등, 그리고 개인과 단체가 경쟁하는 세계 속에서 지속가능성의 윤리는 사람들이 서로 협동하도록 가르치고, 상호 간의 행복을 위한 여유를 갖도록 도와준다. 그러므로 윤리는 지속가능성을 위해 필수적이다.

지속가능성의 윤리가 포함하는 가치는 다음과 같다.

가치		설명
사회정의	기본적인 인간의 필요	모든 개인과 사회의 필요는 생태계의 수용 능력 내에서 이루어져야 하고, 모든 인간은 그들의 삶을 개선하기 위해 동등한 기회를 가져야만 한다.
	세대 간 평등	각 세대들은 적어도 그다음 세대에게 자신들이 물려받은 만큼의 다양성과 생산성을 남겨주어야 한다. 이를 위해 재생 불가능한 자원을 절약해야 하고, 재생 가능한 자원을 지속가능하게 사용해야 하며, 최소한의 쓰레기를 배출해야 한다. 개발의 이익은 미래를 위해 지불해야 할 비용이 남아있는 한 지금 소비되어서는 안 된다.
	인권 존중	모든 인간은 양심과 종교, 표현, 평화로운 집회와 결사의 기본적인 자유를 가져야 한다.
	민주주의	모든 사람과 공동체는 지구에서 생명과 자신의 삶에 대해 책임질 권한을 가지고 있다. 그러므로 그들은 교육, 정치적 참정권과 생계를 유지함에 있어 충분히 접근할 수 있어야 하고, 그들에게 큰 영향을 주는 결정에 효과적으로 참여할 수 있어야 한다.
보존	상호의존성	사람은 자연계의 한 부분이고, 자연계에 완전히 의존하고 있다. 따라서 자연계는 언제나 존중되어야 한다. 자연계를 존중한다는 것은 겸손, 보호와 동정을 가지고 자연에 접근하고, 자원을 검소하고 효율적으로 이용하며, 지속가능성을 증진시키는 공공정책을 지지하고 지원함을 의미한다.
	생물다양성 보존	모든 생명체는 인간과는 독립적으로 스스로 존중받을 권리가 있고, 이는 인간이 생명체들을 보존해야 하는 이유가 된다. 사람들은 모든 종의 생존을 보장하기 위해 생태계의 복잡성과 서식지의 안전함을 유지해야 한다. 그리고 이를 통해 인간의 물질적·정신적 삶의 질에 기여할 수 있어야 한다.
	검소한 삶	모든 사람들은 자연계에 미치는 그들의 영향에 대해 책임을 져야 한다. 그들은 과도하게 생태계의 과정을 방해해서는 안 되고, 생물다양성을 감소시켜서도 안 되며, 생태계와 재생 가능한 자원을 지나치게 개발해서도 안 된다. 천연자원과 환경을 지속가능하게 이용해야 하고, 훼손된 생태계를 복원시켜야 한다.
	종 간 평등	사람들은 모든 창조물들을 너그럽게 다루고, 잔혹함과 고통으로부터 보호해야 한다.

위에 제안된 지속가능성의 윤리 중 가장 의미가 있는 윤리를 1가지만 선택하고, 그렇게 선택한 이유를 설명해 보자.

4) 가치탐구학습 전략

가치탐구학습에서 탐구해야 되는 대부분의 사회적·경제적·환경적 쟁점들은 논쟁의 여지가 있을 수 있다. 이는 이들 쟁점들이 상반되는 가치들을 반영하고, 같은 가치를 가진 집단 내에서도 논쟁과 언쟁이 일어날 수 있기 때문이다. 이러한 점은 때때로 지도자들을 난처한 입장에 처하게 할 수 있다.

지도자들은 전문적이고 윤리적인 면에서 가치가 내재된 쟁점을 다루기 위한 교수 원리를 개발해야 한다. 그런 원리는 지속가능성을 가르칠 때 그것이 바람직하지 않거나 가능하지 않을 때, 가치와 논쟁을 피하는 기준이 된다. 또한 이런 교수 원리는 비판적인 사고 기능의 사용을 강조하며, 논쟁적인 쟁점 수업에 적극적이고 긍정적인 접근을 위한 길잡이를 제공한다.

▶ 활동3. 가치 내재적 쟁점에 관한 교수 원리

다음은 가치 내재적인 쟁점에 관해 수업할 때 지도자가 고려하여야 할 교수 원리를 나타낸 것이다. 각각의 교수 원리에 대해 1~10까지 순위를 매겨 보자. 1은 가장 중요한 것이고, 10은 상대적으로 덜 중요한 것이다.

교수 원리	순위
모든 견해들에 대한 설명은 정직해야 하고, 쟁점에 관한 느낌과 의견을 분명히 해야 한다. 쟁점에 대한 의견을 표현한다면 사적인 견해라는 점을 밝히고, 학생들의 의견이 달라도 허용해야 한다.	
많은 쟁점들의 복합성에 관해 가르쳐야 한다. 학생에게 그런 복합성의 어려움을 인식시켜야 하고, 적절한 교수 방법이 필요하다.	
학생들의 노력과 주인의식, 실천역량을 위한 학습 환경을 창조해야 한다. 학생들에게 권한과 책임을 줄 수 있는 방법을 고려해야 한다.	
모든 학생들이 참여하고 그들의 견해를 함께 나누도록 격려해야 한다.	
학생들의 요구에 따른 개방, 수용과 존중의 분위기를 만들어야 한다. 그들의 감정을 존중해야 하나, 너무 감정에 치우치지 않도록 주의해야 한다.	
유기적으로 잘 연관된 목적과 이론적 근거를 가져야 하며, 동료들, 관심을 가진 부모와 공동체 구성원과 같은 사람들의 지지체계를 가져야 한다.	
가능한 모든 견해에 대한 증거의 질을 객관적으로 검증하고, 균형 잡힌 학습으로 모든 주제들에 대한 다각적인 관점을 가르쳐야 한다.	
나이, 성, 가정환경, 읽기 기능, 사고양식 등을 포함하는 학생들의 발달상의 필요를 고려해야 한다.	
쟁점을 토론하는 동안 학생이 생각의 변화와 같이 성숙할 수 있도록 격려해야 한다.	
학습과정에서 학생 간의 의견 차를 건설적으로 유도해야 한다.	

가치가 내재된 쟁점을 가르치는 방법들이 개발되어 왔는데, 그중에서 중요한 것은 가치 명료화와 가치 분석이다. 이 활동에서는 교수활동에서 가치 명료화와 가치 분석을 사용할 수 있는 기능과 아이디어를 제공한다.

▶ 활동4. 가치 명료화

가치는 우리로 하여금 무엇이 좋고, 진실이고, 옳은가를 결정할 수 있게 한다. 그래서 가치는 우리의 사고뿐만 아니라 감정에도 의존한다. 가치 명료화는 학생들로 하여금 그들의 사고와 감정을 관련짓도록 함으로써, 스스로의 가치 인식을 향상시키도록 한다. 이러한 활동은 '가치망(values grid)'이라는 가치 명료화 전략을 보여주는데, 가치망은 학생들이 여러 문제들에 대해 그들이 느끼는 관심도를 명확히 알 수 있도록 돕는다.

1. 가치와 관련된 우리 사회의 중요한 환경 쟁점이나 질문을 2가지만 만들어보자.

예) 생태적으로 잘 보전된 지역을 지역 발전을 위해 개발해야 하는가?

2. 앞에서 제시한 2가지 쟁점의 해결을 위해 어느 정도의 관심을 가지고 있는지 평가해 보자. A~G까지 설명에 대해 ○, ×로 답해 보자.

	A	B	C	D	E	F	G
쟁점 1							
쟁점 2							

A. 나는 자유롭게 나의 입장을 선택했다.
B. 나는 하나를 결정하기 전에 대안들을 고려했다.
C. 나는 긍정적, 부정적 결과에 관해 신중히 생각했다.
D. 나는 내 견해를 자랑스럽게 생각한다.
E. 나는 다른 사람에게 내 견해를 공공연하게 표명했다.
F. 나는 내 견해를 지지하기 위해 적절한 행동을 취했다.
G. 나는 내 견해에 대해 일관되게, 그리고 여러 차례 말하고 행동했다.

1   환경수업에서 가치탐구학습을 진행하고자 할 때, 고려해야 할 사항을 생각해 보자.

2   가치탐구학습 주제를 한 가지 선정하여 환경수업에 활용하기 위한 계획을 세워 보자.

참고문헌

1, 2. 최돈형, 조성화, 안재정, 홍현진, 정국초(2012).『교사가 실천하는 지속가능발전교육 미래세대와 동행하기』. 유네스코한국위원회.

4
—
[실습Ⅲ] 지역공동체 문제 학습

지역공동체 문제 학습

1) 지역공동체와 지역공동체 문제 해결

환경교육의 관점에서 지역공동체(community)는 환경교육 협력의 대상으로 이용할 수 있는 자원을 가진 개념으로 정의한다. 지역공동체 문제 해결은 지역 문제에 관한 해결책을 찾는 데 필요한 기능을 익히기 위한 기회를 제공하며, 환경교육에서 중요시하는 환경적으로 책임감 있는 시민의식을 함양하는 데 유용하다.

여기에서는 지역공동체 문제 해결에 대한 이해와 학습에 필요한 기능, 쟁점과 질문 탐색, 교수학습 전략을 이해한다.

2) 지역공동체 문제 탐색

건강하고 지속가능한 공동체는 지역공동체가 환경, 경제, 사회, 문화 등 다양한 영역에서 지속가능한 사회를 위해 노력하는 특징을 갖는다.

우리 지역의 공동체는 다음 조건들을 어느 정도 만족하는지 생각해 보자.

- 깨끗하고 안전한 환경인가?

- 안정적이고 역동적인 경제인가?

- 문화적, 역사적, 자연적 유산이 있는가?

- 지자체와 시민 간에 협력과 공유 체계가 있는가?

- 시민을 위한 적절한 휴식 공간이나 시설이 있는가?

• 지역공동체 문제 발견

인류가 직면한 지구의 문제들은 자연환경(대기, 강, 해양, 토양 등) 오염을 비롯하여 지구온난화로 인한 기후변화, 인구 증가로 인한 빈곤과 질병 등 다양한 사회적, 경제적, 환경적 문제들이 있다. 유네스코는 지구의 가장 심각한 문제로 5가지를 제시한다.

- 인구의 급격한 증가와 분포의 변화

- 빈곤의 존속

- 자연환경에 대한 부담 증가

- 지속적인 갈등과 폭력의 증가

- 발전에 대한 다양한 관점

유네스코에서 제시한 5가지 문제점은 서로 밀접한 상호 관련성을 가지고 있다. 예를 들어 인구증가는 생태계에 부담을 증가시키고, 기후변화에 영향을 미치는 인간 활동은 사막화와 해수면 상승을 통해 인구에 영향을 미친다. 이러한 문제를 해결하기 위해서는 사람들이 이들에 대해 어떤 생각(지식, 신념, 태도, 가치관 등)을 갖는지가 중요하다.

▶ 활동1. 지역공동체 문제 발견하기

질문 1. 우리 지역공동체에서 해결해야 할 문제 중에서 가장 중요한 1가지를 선택하고, 그 이유를 적어 보자.

질문 2. 위에 제시한 우리 지역공동체 문제의 원인과 해결 방안을 생각해 보자.

원인:

해결 방안:

• 지역공동체 문제 해결

지역공동체 문제 해결의 단계는 8가지로 구분한다.

1단계는 지역공동체 관심사 탐색하기, 2단계는 문제 선택하기, 3단계는 기능 개발 및 평가하기, 4단계는 문제 조사하기, 5단계는 지속가능한 미래 전망 개발하기, 6단계는 행동계획 세우기, 7단계는 행동하기, 8단계는 행동과 변화 평가하기이다.

각 단계별 내용은 다음과 같다.

• 1단계 : 지역공동체 관심사 탐색하기

이 단계는 지역공동체 문제 해결의 취지와 특성에 관한 정보를 학생과 교육자, 학교행정가들에게 제공하는 것이다. 지역공동체 문제를 해결해 온 다른 공동체와 교육 단체를 초대해 그 과정이나 그들의 환경에서 이 과정이 활용된 방법의 예를 든다.

- 2단계 : 문제 선택하기

이 단계에서는 해결할 문제를 선택한다. 문제는 많은 방법으로 선택할 수 있다. 예를 들어 지역공동체의 탐색은 조사하고 싶어 하는 문제들을 이끌어 낼 수 있게 한다. 그런 다음 한 문제 혹은 작은 집단에서 여러 문제들을 결정할 수 있다. 문제를 선택할 때 중요한 점은 유용한 충분한 자료를 확보하는 것이고, 그 문제가 부여된 시간 안에서 다루어질 수 있어야 한다. 다음과 같은 질문을 고려해야 한다.

- 우리 공동체에 이 문제가 왜 중요한가?
- 우리가 이 문제를 다룰 수 있는가?
- 우리가 공동체 문제 해결 과정을 수행할 시간이 있는가? 아니면 우리가 더 작은 문제를 선택해야 하는가?

- 3단계 : 기능 개발 및 평가하기

지역공동체 문제 해결 과정에 따라 활동함에 있어 문제 해결과 조사, 단체 활동 기능의 범위를 살필 필요가 있다. 교육자들은 필요한 기능을 평가하고, 진행 전에 이러한 기능들을 습득했는지 살펴보아야 한다. 교육자들은 계속적으로 기능 수준을 관찰해야 하고, 계속되는 기능 개발을 위한 다양한 활동 기회를 제공해야 한다. 교육자들은 다음과 같은 질문을 고려해야 한다.

- 공동체 문제 해결을 수행하기 위해 어떤 기능이 필요한가?
- 어떤 종류의 지침을 제공해야 하는가?

- 4단계 : 문제 조사하기

문제의 전체를 탐색하는 단계이다. 이 단계는 현재 상황의 이해와 그 문제가 왜 발생했는지에 대한 이해를 포함한다.

- 우리 공동체의 현재 상황은 무엇인가? 이것은 나에게, 공동체에게, 국가에게, 전 세계에게 얼마나 중요한가?
- 어떤 변화가 이 문제를 일으켰는가?
- 우리 공동체의 단체들 사이에 어떠한 갈등이 있는가?
- 이들 갈등을 해결하기 위해 어떤 결정을 내릴 수 있는가?

• 5단계 : 지속가능한 미래 전망 개발하기

이 단계는 매우 중요하다. 이 단계에서는 현재 상황에서 미래를 보는 법을 개발하도록 해야 한다. 다음과 같은 질문을 고려해야 한다.
- 미래에 대한 우리의 전망은 무엇인가?
- 대안은 무엇인가?

• 6단계 : 행동 계획 세우기

이 단계는 조사한 문제에 대해 선택한 전망을 이루기 위해 행동 계획을 세우는 것이다. 이 단계의 필수적인 요소는 그러한 행동이 바라던 변화를 이끌지 아닌지에 대한 신중한 고려와 행동의 평가다. 다음과 같은 질문을 고려해야 한다.
- 어떤 변화가 지속가능한 미래를 우리에게 더 가깝게 가져올 것인가?
- 이러한 변화를 일으키기 위해 우리는 어떤 장벽을 극복해야 하는가?
- 이러한 변화를 가져오기 위해 추구할 필요가 있는 것은 무엇인가?
- 이러한 행동 계획이 어떻게 평가되는가?

• 7단계 : 행동하기

이 단계는 행동 계획을 수행하는 단계다. 공동체 문제 해결 과정은 민주적이어야 한다. 이를 위해 확인한 공동체 문제를 중점적으로 다루기 위한 행동을 자유로이 선택할 수 있도록 하는 것이 중요하다. 이러한 행동은 자신의 생활 방식과 가족 그리고 더 넓은 공동체 내에서 나타날 것이다. 다음과 같은 질문을 고려해야 한다.

 - 계획된 행동이 어떻게 그 문제를 해결할 것인가?
 - 이러한 행동에 대한 결정에 있어 역할은 무엇인가?

• 8단계 : 행동과 변화 평가하기

이 단계는 행동에 따른 변화를 확인하고 검토해 보는 단계이다. 다음과 같은 질문을 고려해야 한다.

 - 어떤 행동을 취했는가?
 - 어떤 변화가 일어났는가?
 - 이러한 변화가 우리의 전망과 어느 정도 같은가?
 - 장벽은 어떻게 극복되었는가?
 - 공동체 문제 해결로부터 무엇을 배웠는가?

▶ 활동2. 지역공동체 문제 해결 사례 조사
다음 사례를 통해 지역공동체 문제 해결에 대해 알아 보자.

동피랑은 경남 통영에 위치한 산비탈 마을로 이 지역에 대한 재개발 계획이 수차례 변경 수정되어 왔다. 이 지역은 서민들의 오랜 삶터로 저소득층 주민들이 지금도 살고 있을 뿐만 아니라, 언덕마을에서 바라보는 해안도시

특유의 아름다운 전경을 가지고 있는 곳이다.

2007년 지방의제 추진기구인 푸른통영21추진협의회는 이 지역을 일괄 철거하기보다는 공공미술을 통한 문화와 삶이 어우러지는 마을 만들기를 통해 통영의 명물로 재조명하고자 하였다. 또한 동피랑 지역이 가난한 집들의 집단촌이 아니라 그림이 있는 골목, 역사와 문화가 살아있는 골목으로 커뮤니티 디자인 개념을 추가하였다. 이 마을은 볼거리와 휴식을 추구하는 슬로우 시티, 슬로우 라이프를 지향하고 있다.

- 사 업 명 : 도시 재생의 색다른 시선 '통영의 망루 동피랑의 재발견'
- 사업기간 : 2007년 7월 ~ 현재
- 참여기관 : 푸른통영21, 통영시청, 정량동사무소, 통영RCE, 통영교육지원청, 인평초등학교, 충무여자중학교, 동피랑 주민들 등

1. 위 사례에서 지역공동체가 안고 있는 문제는 무엇이며, 원인과 해결방안은 무엇이었는지 찾아보자.

문제:

원인:

해결방안:

2. 위 사례에서 참여한 각 기관의 주체들은 어떤 활동을 하였는지 인터넷에서 찾아 적어 보자.

초등학생:

중학생:

시민:

3) 우리 지역공동체 적용

활동 1의 '우리 지역공동체 문제 발견하기'에서 수행한 결과를 참고하여, 공동체 문제해결의 8가지 단계 중 4단계를 적용해 보자.

▶ 활동3. 우리 지역 공동체 문제 해결하기

1단계: 공동체 관심사 탐색하기

2단계: 문제 선택하기

3단계: 기능 개발 및 평가하기

4단계: 문제 조사하기

프로젝트 학습

1) 프로젝트의 의미

프로젝트는 어떤 목표를 달성하기 위한 계획을 말한다. 여기서 목표는 개인적 목표 또는 단기간의 목표보다는, 비교적 오랜 기간에 걸친 목표를 주로 의미한다. 또한 프로젝트는 그 계획을 실현하기 위한 일의 진행 과정까지를 포함하여 일컫는 경우도 있다. 이 과정은 창조적이며 복잡하고 장시간을 요구하기 때문에 프로젝트에는 다양한 지식과 기술, 또는 사람들과의 협력과 소통을 필요로 하며 프로젝트 팀을 편성하는 것이 일반적이다. 프로젝트 단계는 일반적으로 주제 정하기, 계획 수집, 실행, 결과 발표, 평가 과정으로 수행하며, 각 단계별 활동 내용은 다음과 같다.

주제 정하기
- 모둠 선정
- 모둠의 관심 분야 토의
- 주제 선정을 위한 브레인스토밍
- 주제를 선정할 때 고려 사항 확인
- 주제의 최종 목표 확인
- 모둠의 최종 주제 선정

계획 수집
- 프로젝트와 관련해 알고 있는 지식과 기능 확인
- 프로젝트와 관련해 필요한 지식과 기능 목록 만들기
- **전체 일정표 만들기**
- **프로젝트 최종 결과물 선정**
- 모둠 역할 분담
- 중간발표 후 프로젝트 재구성

실행
- 프로젝트의 **결과물과 산출물** 확정
- 과제를 해결하기 위해 필요한 **지식과 기술 조사**
- 조사한 지식 및 기능을 프로젝트에 적용
- 프로젝트 주제 해결을 위한 실천 방법 평가
- 프로젝트를 수행할 때 필요한 지식 및 기능 숙지

결과 발표
- 모둠별 프로젝트 결과물 만들기
- 모둠별 프로젝트 최종 발표 및 전시
- 다른 모둠의 **발표를** 통해 환경 실천 공유하기

평가
- 프로젝트 평가 (체크리스트)
- **평가를 통해 프로젝트를 수정 및 보완**
- 프로젝트 자기 평가

2) 프로젝트 학습의 특징과 장단점

프로젝트 학습은 학습자가 일상생활에서 발생할 수 있는 다양한 문제를 주제로 선정할 수 있으며, 작게는 자신의 변화로부터 가정과 학교에서의 실천, 나아가 지역사회로부터 국제적인 실천으로까지 확대할 수 있다.

프로젝트 학습의 특징과 장단점은 다음과 같다.

- 프로젝트 학습의 특징
- 창의적 문제 해결력을 기를 수 있다.
- 전문적이고 실제적인 지식을 습득할 수 있다.
- 학습자의 흥미를 유발하고 협동 능력을 길러 줄 수 있다.

- 프로젝트 학습의 장점
- 학생에게 지식과 실행을 함께 수행하는 기회를 가지게 한다.

- 학생의 문제 해결력과 의사결정력 및 소통력을 기른다.
- 교육과정의 여러 영역, 각 주제와 지역사회의 쟁점을 통합할 수 있다.
- 모둠원 간의 긍정적인 의사소통과 협력 관계를 기른다.

• 프로젝트 학습의 단점
- 학습자의 지식과 기능을 배양하기보다는 단순한 절차나 활동이 될 위험이 있다.
- 활동의 효과를 객관적으로 평가하기가 어렵다.
- 비효율적 운영이나 지원 부족의 경우 교육자에게 많은 부담이 될 수 있다.

3) 환경프로젝트

환경프로젝트는 환경과 관련된 다양한 주제 중에서 자신이 관심을 가지고 더 알아보고 싶은 주제를 정하고, 주제를 탐구하는 데 적절한 문제 해결 방법이나 탐구 방법을 선정하여 단기간 또는 장기간의 수행 과정을 통해 문제를 해결하거나 결과물을 만들어내는 과정이다.

• 환경프로젝트 주제 정하기

환경프로젝트 주제 정하기는 관심이 있는 주제를 탐색하되, 가능하면 일상생활이나 지역사회에서 쟁점이 되고 있거나 개선이 필요한 문제점에 대해서 학습자가 자유로운 토론을 통해 주제나 문제를 선정하는 것이 바람직하다.

첫째, 관심 분야에서부터 시작하기.

우리 학교나 지역에는 어떤 문제들이 있는지 살펴본다. 교실의 에너지 낭비, 학교의 쓰레기 문제, 지역의 오염되거나 훼손된 환경 등에서 우리가 행동하고 실천하면 변화할 수 있는 주제를 찾아본다.

둘째, 프로젝트 논의 과정에서 서로에게 배우기.

다른 사람들의 생각들을 존중하며 귀를 기울인다. 상대방의 이야기를 존중하며 서로에게 배우고, 다양한 아이디어를 하나의 프로젝트로 담아낸다.

셋째, 우리가 할 수 있는 행동의 변화 실천하기.

우리가 살고 싶은 지속가능한 미래를 만들기 위해 현재 바꾸어야 하는 우리의 습관이나 행동에 대한 실천 계획을 만들어 본다.

• 주제 탐색하기

환경프로젝트 주제를 개발하기 위한 아이디어는 어디에서 얻을 수 있을까? 프로젝트 주제 탐색은 일상생활, 학교와 지역 사회, 국가 및 세계에서 찾을 수 있다.

- 일상생활에서 소재 찾기: 프로젝트는 개인이 가정을 포함한 일상생활에서 마주치게 되는 환경에 관한 의문이나 문제들을 소재로 할 수 있다.
- 학교와 지역 사회 탐색하기: 학교에서 환경과 관련한 소재를 찾아보거나, 지역 사회 조사를 통하여 흥미 있는 프로젝트 주제를 탐색한다. 실제 프로젝트는 학교 내 관찰을 통한 주제 발견이나 지역사회에서 필요로 하는 환경 관련 봉사 활동이 될 수도 있다.
- 국가 및 세계적 사건에서 찾기: 국가 및 세계적인 환경 사건이나 환경 쟁점에 대한 관심을 가지고, 프로젝트 주제를 탐색한다.

▶ 활동4. 환경프로젝트 사례 조사(1)

다음 사례를 통해 환경프로젝트에 대해 알아보자.

충북 ○○고등학교의 '건강한 밥상을 꿈꾸며' 프로젝트는 가정에 보편화된 수세식 화장실, 대량 생산 농산물, 문명에 의해 편리해진 삶 등과 같이 일상생활에서 당연한 삶의 방식으로 여겨지는 것들에 관심을 가지고 출발하였다. 동아리 학생들을 중심으로 5개월 동안 수행한 프로젝트의 가장 큰 특징은 지역과 연계한 활동으로, 친환경적인 생산 방식이나 대안을 지역 사회에서 찾아보고자 하였다.

유기농법, 로컬 푸드 햄버거 가게, 친환경 유기농업 생산 단체 등 지역 기반의 사회적 기업들을 방문하여 학습하고, 학부모들과 지역 주민의 도움으로 직접 텃밭을 일구었다. 세부 프로젝트 활동 내용은 생태의 지속가능성에 대한 다큐멘터리를 시청하고 토론하며 문제점을 인식하고, 교내에서 지속가능발전과 관련한 전시를 개최하여 문제의식을 공유하며, 이를 지역 사회로 확장시켜 친환경 생산 방식의 사회적 기업이나 단체를 방문하여 이러한 문제들이 어떤 방식으로 해결되고 있는지 확인하는 과정을 거쳤다.

활동 결과, 학생들 스스로 지역에서 나는 생산물, 즉 로컬 푸드에 큰 관심을 가지고 자신들이 직접 지역 내 공원에서 텃밭을 만들어보면서 에너지 절약, 소비 절약이 스스로의 행동에 달려 있음을 깨닫게 되었다.

"아파트 베란다에 방울토마토, 상추, 고추 등을 재배하여 나 스스로가 푸드 마일리지 3m에 도전하고 싶다."

"눈이 즐거운 작물이 결코 몸에도 좋은 작물이 아니라는 것을 알게 되었으며, 눈의 즐거움을 위한 나의 욕심이 화학 비료와 농약 사용량을 늘리는 데 일조했다는 것이 부끄럽다."

자료: 유네스코협동학교 지침서(2010)[1]

- 환경프로젝트 수행하기

환경프로젝트 주제를 선정하였으면 그 주제를 어떻게 수행할지 계획을 수립하여 실행하여야 한다. 환경프로젝트의 수행 계획은 시작에서부터 마무리 단계까지 전체 내용을 미리 생각하여 세부 단계별로 구체적인 절차와 방법을 마련하여야 한다.

환경프로젝트를 수행하는 과정에서 다양한 문제를 접하고 또한 예기치 못한 사태가 발생할 수 있으므로, 모둠원과 협동하여 작업하거나 지역의 자연 환경이나 지역 주민들과 접할 수 있는 다양한 기회를 찾도록 한다.

- 환경프로젝트 발표와 평가하기

환경프로젝트가 진행되는 과정 또는 완료 시점에 그 결과물을 발표하고 평가하는 기회를 갖는 것이 중요하다. 환경프로젝트 발표는 프로젝트를 통해 학습하거나 발견한 내용을 다른 사람과 직접적으로 공유하는 과정이다. 환경프로젝트 마지막 단계에서는 평가와 반성뿐만 아니라 기쁨의 성취감도 중요하다. 또한 환경프로젝트의 수행 과정에서 나오는 다양한 산출물을 정리하여 포트폴리오로 만들면 자신의 장단점을 잘 파악할 수 있을 뿐 아니라 스스로에 대한 평가를 할 수 있다.

▶ 활동5. 환경프로젝트 사례 조사(2)

다음 사례를 통해 환경프로젝트에 대해 알아보자.

(가) 거북이알 매매는 말레이시아 동쪽 지역에서 금지되어 있지만 장수거북의 산란장소로 유명한 테렝가누 주를 포함해서 말레이시아 내륙에서는 성행하고 있다. 말레이시아인 대부분이 장수거북의 문제점을 알고 있지만 여전히 식용으로 구입한다. 2007년부터 대학의 '바다거북연구모임(SEATRU:the Seaturtle Reserch Unit)'은 환경보호운동과 연합하고, 2009년에는 테렝가누의 르당 섬에서 11세 아이들을 대상으로 거북이 캠프를 개최했다. 아이들은 장수거북의 산란지 근처에 살고 있고, 그 마을에서는 장수거북알을 사서 먹는다고 했다. 자원봉사자들과 대학의 '해양 생물 과학프로그램'에서는 아이들에게 바다거북에 대해 알려주고 해변에서 거북이가 산란하는 것도 보여주었다. 아이들은 자원봉사자들을 도와 해변 청소와 순찰, 산란둥지를 찾아 새끼들을 놓아주었으며, 바다거북을 보호해야 한다는 것을 배우고, 가족과 친구들에게도 알려주었으며, 이 중 대다수는 거북이 알을 먹지 않겠다고 맹세했다.

자료: 툰자 한국어판 제27호[2]

(나) 세계적 해양쓰레기 문제에 통영해양경찰서는 바다에 떠다니는 폐어구 등의 해양쓰레기 정화 활동을 위한 '클린—씨(Clean Sea)' 프로젝트를 실시하고 있다. 바다에 버려지는 해양쓰레기로 인한 사회적·경제적 피해에 대한 문제점은 오래전부터 거론되어 왔다. 또한 버려진 어구가 해양생물의 산란·서식을 위협하여 해양생태계를 파괴하고 있으며, 해안의 심미적 가치를 훼손하여 관광 산업에 심각한 피해를 주기까지 한다. 통영해양경찰서는 해양쓰레기로 인한 안전사고 문제와 해양환경 파괴문제에 대한 해결 대책으로 해양쓰레기 수거 프로젝트에 착수하게 되었다. 해양쓰레기나 유·무인도 인근 해역의 방치된 폐그물 등을 수거해

전용부두에 마련된 수거 창고에 반납하면, 매월 마지막 주 수요일 '폐기물 수거의 날'에 경비함정 지정폐기물과 함께 관련 기관 재활용 선별장으로 보내지게 된다. 프로젝트 시행 이후 한 달여 만에 폐로프, 폐그물, 폐천막 등 총 3,452kg의 해상 쓰레기가 수거되었다. 프로젝트를 통해 해양쓰레기 수거를 위한 범시민적 공감대를 마련하게 되었으며, 깨끗한 바다를 지키기 위한 청정해역 지키기 운동으로 확산하는 기회를 마련하였다.

1. (가)와 (나) 사례에서 수행한 프로젝트 내용을 요약해 보자.
(가)
(나)

2. (가)와 (나) 사례의 프로젝트에서 최종 성과물은 무엇인지 적어 보자.
(가)
(나)

3. (가)와 (나) 사례에서 프로젝트의 성과를 더 많은 사람들과 공유하기 위한 방법을 2가지만 적어 보자.
(가)
(나)

1 우리 지역에서 해결해야 할 환경 문제를 1가지 선정하여 환경프로젝트로 수행하고자 한다. 환경프로젝트 주제와 수행 내용을 적어 보자.

2 지역공동체 문제 학습과 환경프로젝트 학습을 수행한 결과를 지역 사회로 확산하기 위한 방안을 적어 보자.

참고문헌

1. 유네스코한국위원회(2010). 『유네스코협동학교 지침서』.
2. 유엔환경계획한국협회(2010). 툰자 한국어판 제27호.

5

—

[실습Ⅳ] 사회-학교 연계 환경교육

학교환경교육의 이해

환경교육 중에서도 학교환경교육은 취학 전 누리과정부터 초등학교, 중학교, 고등학교 수준에서 이루어지는 모든 환경교육을 의미한다. 특히 초등학교 시기에는 환경에 대한 지식과 같은 기본 개념이 형성될 뿐만 아니라 환경에 대한 태도나 가치관, 신념이나 감수성 등을 통하여 환경 친화적인 행동이 형성된다는 점에서 환경교육은 더욱 중요한 의미를 갖는다.

1) 유아 환경교육

유아기는 모든 발달 영역에서 기초가 형성되는 시기로 유아 환경교육은 다른 어떤 시기의 교육보다도 중요하다. 유아의 환경에 대한 긍정적인 태도는 환경에 대한 의사결정과 더불어 실천 행동으로 이끄는 데 중요한 역할을 하며, 유아기 이후 환경에 대한 태도와 가치관을 형성하는 데 영향을 미친다는 점에서 유아 환경교육의 중요성이 강조된다.

• 유아 환경교육의 목표

환경부(2006)에서 제시한 유아환경교육의 목표는 다음과 같다. 첫째, 유아들이 주변 환경에 대해 관심을 갖고 환경을 아끼고 보호하는 인식을 형성한다. 둘째, 유아들이 환경의 중요성을 깨닫고 환경을 보호하고 개선하고자 하는 동기와 태도를 형성한다. 셋째, 유아들이 주변 환경에 대한 지식을 습득한다. 넷째, 유아들이 환경보전과 개선을 도울 수 있는 기능을 습득한다. 다섯째, 유아들이 능동적으로 환경보전과 개선을 위한 행동을 실천한다.

• 유아 환경교육의 내용

5세 누리과정의 유아 환경교육 내용은 다음과 같다.[1]

영역		교육 내용
자연환경		자연환경과 친숙해지기 자연물을 이용하여 활동하기 자연환경과 생명체의 관계 알기 자연과 구성요소들의 역할 및 특성 알기 자연환경이 우리들에게 어떤 영향을 주는지 이야기 나누기
인공환경		우리가 생활하는 주거환경에 관심 가지기 유치원, 집, 동네 등 주변 환경에 관심 가지기 다양한 교통기관에 대해 알기 생활에 필요한 물건에 대해 알기 물건의 변천 과정에 관심 가지기 자연환경과 인공환경의 차이점 알아보기 인공환경이 자연과 함께 할 수 있는 방법 알아보기
인간활동과 환경	경제	내가 사용하는 물건이 어디에서 오는지 관심 가지기 생활에 필요한 물건이 어떻게 만들어지는지 알기 물건이 우리에게 오는 유통 과정 알아보기 자연에서 오는 원료에 대해 알아보기
	인구	사람이 많이 살고 있는 곳과 그렇지 않은 곳에 대해 이야기 나누기 사람들이 많고 적음에 따른 좋은 점과 나쁜 점 알아보기 도시와 농어촌지역의 인구 분포에 관심 가지기 많은 사람들이 살고 있는 지역의 이유 알아보기

	소비	물건을 사고 사용하는 것의 의미 알기
		과장광고의 문제점에 대해 관심 가지기
		물건을 살 때 미리 계획을 세우는 방법 알기
		꼭 필요한 물건만 구입하는 습관 기르기
		친환경제품 구입하는 태도 기르기
자원	공기	공기의 이로움 알기
		공기오염의 원인 알아보기
		공기오염이 우리에게 미치는 영향 알기
		깨끗한 공기를 만드는 방법 찾아보기
	물	깨끗한 물과 더러운 물 구분하기
		마실 수 있는 물 찾아보기
		물이 오염되는 과정 이해하기
		더러워진 물이 사람과 동식물에게 미치는 영향 알기
		물을 아껴 쓸 수 있는 방법 찾아보기
		물의 오염을 예방할 수 있는 방법 찾아보기
	흙	건강한 흙이 주는 이로움 알기
		동식물이 살 수 있는 건강한 흙에 대해 알아보기
		흙이 오염되는 이유 찾아보기
		오염된 흙으로 인해 발생하는 영향 알아보기
		흙을 깨끗하게 보전하는 방법 찾아보기
	폐기물	쓰레기가 생기는 이유에 대해 말해 보기
		유치원과 집의 쓰레기 종류 알아보기
		쓰레기가 우리 생활과 자연환경에 미치는 영향 알아보기
		분리수거에 대해 알아보기
		재활용할 수 있는 쓰레기와 재활용표시 알아보기
		쓰레기를 줄일 수 있는 방법 찾아보기
	소음	듣기 좋은 소리와 듣기 싫은 소리 구별하기
		시끄러운 소리가 나는 곳 찾아보기
		소음이 왜 생기는지 알아보기
		소음이 사람에게 주는 피해 알아보기
		소음을 줄일 수 있는 방법 찾기
		상황에 맞게 목소리 크기 조절하여 말하기
	자연재해	번개, 천둥, 폭염, 황사, 홍수, 가뭄, 지진, 지구온난화 등의 자연재해에 대해 알아보기
		자연재해가 발생하는 원인과 위험성 알아보기
		자연재해를 예방할 수 있는 방법 알아보기
		자연재해로부터 스스로를 보호하는 훈련하기

환경보전	자신의 물건에 이름 쓰고 정리정돈하기 유치원과 집에서 사용하는 물건 아껴 쓰기 자신만의 물건 아껴 쓰는 방법 이야기 나누기 물과 전기 등 자원을 아껴 쓰기 물건 물려주고 물려받기 물건 재활용하기 다양한 환경보전방법 실천하기
환경위생	위생의 중요성 알아보기 청결하지 못한 주변 환경이 주는 피해 알아보기 환경오염으로 인해 발생하는 질병에 관심 가지기 나의 몸과 주변 깨끗이 하기 몸에 좋은 음식과 나쁜 음식 구별하기 자연식품과 가공식품을 구별하기 음식이 우리 건강에 미치는 영향에 대해 알아보기 음식물 남기지 않기 친환경적인 음식의 이로움에 대해 알아보기
환경윤리	환경에 대한 올바른 태도의 의미에 관심 가지기 환경에 대한 올바른 태도 형성하기 환경에 대한 소중한 마음 기르기 환경을 지키는 사람들에게 감사한 마음을 가지기
지속가능발전	환경에 지속적인 관심 가지기 환경과 인간이 더불어 지속적으로 살아갈 수 있는 방법 찾기 도움이 필요한 사람들을 위한 환경에 대해 관심 가지기 음식, 물, 전기 등이 부족할 경우 부족한 것을 나누어 사용하고 돕는 마음 가지기 놀이를 할 때나 청소를 할 때 같이 하는 것의 좋은 점 알아보기 쓰레기 줄이기, 분리수거 등을 혼자 실천했을 경우와 함께 실천했을 경우의 차이점에 대해 말해 보기 환경에 대해 가정과 연계하여 지속적으로 습관화하는 태도 기르기
환경에 대한 감수성과 배려	아름다운 자연환경 찾아보기 집이나 유치원, 동네 등 주변에서 자연환경을 감상한 느낌 말하기 아름다운 환경이 왜 사람들을 좋게 해주는지 이야기 나누기 환경을 함께 사용함에 있어 다른 사람 배려하기 동식물이 우리에게 주는 이로움을 알고 고마운 마음 가지기 주변의 동물과 식물이 좋아하는 것에 관심 가지기 동식물을 돌보는 바른 방법을 알고 돌보기 집이나 유치원에서 기를 수 있는 동식물 기르기 멸종 위기에 처한 동물을 알고 보호하기

• 유아 환경교육의 방법

유아 환경교육의 내용을 어떠한 방법으로 가르칠 것인지에 대한 정보는 교육자들에게는 가장 현실적으로 필요한 내용일 것이다. 가장 보편적으로 만 3~5세 연령별 누리과정에서 제시하는 유아를 위한 교수 · 학습 방법에 대한 내용을 살펴보면 다음과 같다.

첫째, 놀이를 중심으로 교수 · 학습 활동이 이루어지도록 한다. 둘째, 유아의 흥미를 중심으로 활동을 선택하고 지속할 수 있도록 한다. 셋째, 유아의 생활 속 경험을 소재로 하여 지식, 기능, 태도 및 가치를 습득하도록 한다. 넷째, 유아와 교사, 유아와 유아, 유아와 환경 간에 능동적인 상호작용이 이루어지도록 한다. 다섯째, 주제를 중심으로 여러 활동이 통합적으로 이루어지도록 한다. 여섯째, 유아의 관심과 흥미, 발달이나 환경 특성 등을 고려하여 개별 유아에게 적합한 방식으로 학습하도록 한다.

이와 같은 유아교육의 놀이 중심의 통합적 교수 · 학습 방법은 유아 환경교육을 실시하는 방법에 있어서도 대부분 동일하게 적용될 수 있다.

이를 바탕으로 한 유아 환경교육 프로그램으로는 동물 기르기, 텃밭 가꾸기, 숲 체험, 생태놀이 등 직접적인 체험 위주의 활동 프로그램이 있다. 매체를 활용한 교육으로는 환경 동화 또는 문학 작품을 활용한 교육, 사진을 활용한 교육, 다큐멘터리를 활용한 교육, 극놀이를 활용한 교육 등이 있다.

▶ 활동1. 극놀이를 활용한 활동 사례 조사

놀이에 기초한 극놀이는 자유롭게 상상하고 몸과 목소리로 자신의 생각과 느낌을 표현하고, 다른 인물이 되어 이야기를 체험하거나 직접 꾸며낸 이야기를 시각적으로 형상화하여 다른 사람들과 주고받는 과정 자체를 즐기며, 자신을 표현하는 활동이다. 특히 만 4, 5세 유아들에게 있어서는 신체

조절과 언어활동이 자유로워지기 때문에 이전보다 많은 사회와의 상호작용을 통한 경험을 최대로 표현하려는 욕구가 생겨 다양한 역할을 놀이하며 복잡한 사회적 상황을 이해하기 시작한다.

극놀이는 유아들이 이야기의 줄거리를 사용하여 극적 구체화 과정을 통해 자신의 느낌이나 생각을 표현하고 탐구하는 교육적 기법으로, 전인적인 성장과 발달을 촉진하기 위해 유아가 '마치 ~인 것처럼'과 같은 은유적 사고능력을 근거로 활동을 통해 가르친다.

다음은 극놀이를 활용한 환경교육 활동 중 '극놀이 준비하기' 단계의 예시안이다.

- 극놀이 준비하기
- 활동자료 : 유아들이 촬영한 자연 사진
- 활동단계 : 극놀이 준비하기
- 활동내용 :

① 유아들이 촬영한 사진을 보면서 유치원 주변의 자연 풍경에 대해 함께 이야기를 나눈다.
  - 이 사진은 어느 곳을 찍은 것인가요? 왜 이곳을 찍게 되었나요?
  - 여러 장의 사진 중에서 가장 많은 친구들이 촬영한 장소는 어디였나요?

② 사진 속에 함께 있으면 좋겠다고 생각하는 동식물에 대해 이야기를 나눈다.
  - 사진 속 자연과 함께 있으면 좋겠다고 생각하는 동물과 식물에는 어떤 것들이 있을까요?
  - 이 사진에는 어떤 동물(식물)이 있으면 좋을까요? 그것이 어떤 모습으로

있으면 좋을까요?

– 그 동물(식물)은 무슨 생각을 하고 있을까요? 무슨 말을 하면 좋을까요?

③ 사진 속 풍경에 어울리는 동물이나 식물의 모습을 극놀이로 표현해 볼 것을 제안한다.

④ 극놀이를 하기 위해 필요한 것들에 대해 이야기 나눈다.

– 사진 속 동물(식물)들이 어떤 이야기를 하는 극놀이를 계획하면 좋을까?

– 제목은 무엇으로 할까?

– 어떤 역할(소품)이 필요할까?

– 어떻게 움직임을 표현할 수 있을까?

⑤ 극놀이에 필요한 소품 및 자료를 준비하고 맡은 역할을 연습해 본다.

1. 위의 극놀이 준비하기 활동과 관련지을 수 있는 내용을 앞에 제시한 '5세 유아 환경교육 내용'에서 해당 영역을 찾아 보자.

2. 위의 극놀이 준비하기 활동에서 ②에서 예상할 수 있는 유아들의 답변을 적어 보자.

3. 극놀이 활동을 마친 후 정리 단계에서 할 수 있는 내용을 2가지만 적어 보자.

- (예시) 극놀이를 감상한 느낌을 이야기해 본다.

2) 초등학교 환경교육

2015 개정 교육과정[2]에서는 초등학교 교과 편제에 환경 과목을 별도로 편성하고 있지 않다. 따라서 초등학교 환경교육은 관련 교과들과 창의적 체험활동, 범교과 학습의 '환경·지속가능발전교육'의 내용 요소들과 연계하여 지도할 수 있다. 구체적인 방법은 다음과 같다.

교육실천가를 위한 사회환경교육론 2

첫째, 환경교육 관련 교과를 통한 환경교육이다. 2015 개정 초등학교 교육과정에서는 과학, 사회, 실과, 국어 등 관련 교과에 환경교육을 분산적으로 포함하여 환경교육을 지도하도록 하고 있다.

둘째, 창의적 체험활동을 통한 환경교육이다. 초등학교에서의 창의적 체험활동은 공동체 생활에 필요한 기본 생활 습관을 형성하고, 개성과 소질을 탐색하고 발견하는 데 중점을 두고 있다. 환경교육은 봉사활동 영역에 명시된 환경보호활동과 직접적으로 연계하여 지도할 수 있다.

셋째, 범교과 학습으로의 환경교육이다. 2015 개정 교육과정에서 범교과 학습 주제를 학교 교육 활동 전반에 걸쳐 통합적으로 다루도록 명시하고 있으며, 특히 교과 교육과정의 내용을 재구성하여 범교과 학습 주제를 교과 내에서 통합적으로 지도하는 것을 권장한다. 2015 개정 교육과정의 범교과 학습 주제로는 '환경 · 지속가능발전교육', '인성교육', '안전 · 건강교육', '민주시민교육' 등이 있다.

• 창의적 체험활동이란?

창의적 체험활동은 교과 이외의 활동으로서 교과와 상호보완적 관계에 있으며, 앎을 적극적으로 실천하고 나눔과 배려를 할 줄 아는 창의성과 인성을 겸비한 미래지향적 인재 양성을 목적으로 한다. 창의적 체험활동 교육과정은 자율활동, 동아리활동, 봉사활동, 진로활동의 4개 영역으로 구성된다. 각 영역별 구체적인 활동 내용은 학생, 학급, 학년, 학교 및 지역사회의 특성에 맞게 학교에서 선택하여 융통성 있게 운영할 수 있다.

초등학교의 창의적 체험활동에서는 학생의 기초생활습관의 형성, 공동체 의식의 함양, 개성과 소질의 발현에 중점을 둔다. 중학교의 창의적 체험활동에서는 남과 더불어 살아가는 태도의 확립, 자신의 진로에 대한 탐구, 자아의 발견과 확립에 중점을 둔다. 고등학교의 창의적 체험활동에서는 학습자의 다양한 욕구를 건전한 방향으로 유도하고, 원만한 인간관계를 형성하며 진로를 선택하여 자아실현에 힘쓰도록 하는 데 중점을 둔다.

• 초등학교 환경교육의 목표

초등학교 환경교육의 목표는 다음과 같다.

첫째, 나와 환경과의 관계를 바르게 이해하고 환경을 존중하고 사랑하는 마음으로 환경감수성을 기른다.

둘째, 환경과 환경문제를 탐구하고 환경현상과 환경쟁점을 이해한다.

셋째, 환경에 대한 건전한 가치관을 갖고 환경을 꾸준히 학습하려는 태도를 가진다.

넷째, 환경 보호와 해결 과정에 능동적으로 참여하려는 동기를 가지고 책임 있는 의사결정과 행동을 실천할 수 있는 환경 소양을 기른다.

• 초등학교 환경교육의 내용

초등학교에서의 환경교육은 여러 교과에서의 분산적 학습, 범교과 주제 학습, 창의적 체험활동에 의해 수행되고 있다. 특히 창의적 체험활동은 자율활동, 동아리활동, 봉사활동, 진로활동 등 4개 영역으로 구성되어 있다.

• 초등학교 환경교육의 방법

2015 개정 교육과정에 따른 초중고 창의적 체험활동 교육과정 해설에서는 창의적 체험활동의 시행에서 학교 행사를 실시함에 있어서는 지역 사회의 인적·물적 자원을 적극적으로 활용하도록 권장한다.

① 자율활동

자율활동의 효율적 운영을 위해 지역 유관기관의 자원을 활용할 수 있도록 한다. 즉, 지역에 있는 기관에서 운영하는 체험활동 프로그램을 활용하여 초등학생들이 변화하는 환경에 적극적으로 대처할 수 있는 힘을 기를 수 있게 지도하도록 강조한다.

환경교육 관련 체험활동 사례는 다음과 같다.

체험활동의 예	관련 기관	특징
• 식물 전시회 • 학교 숲 체험 프로그램 • 모형 곤충 전시회 • 환경 관련 직업 교육	식물원	• 약초원이 있어 다양한 약초를 관찰할 수 있음
• 도시하천 모니터링 활동 • 캠프	지역 환경 지킴이	• 지역 하천 보호 운동

• 물 교육 프로그램
  – 수질교육
  – 물 사랑 지킴이 양성교육
	지역 물 환경교육원	• 물에 대한 인식을 높이고 물에 대한 교육을 실시하기 위한 시설을 갖춤

• 자연유산 탐방 프로그램
  – 숲 체험 프로그램
  – 나이테 관찰
  – 곤충 관찰
  – 숲 해설
	지역 숲	• 국립공원 자연을 체험할 수 있는 곳

• 지구온난화와 기후변화교육	시민 단체	• 기후변화의 원인과 탄소 줄이기 교육을 통한 환경 보호의 필요성을 일깨우는 교육

② 동아리활동

2015 개정 교육과정에는 '교육청 수준 지원 사항'의 하나로 학교가 지역 사회의 유관 기관과 적극적으로 연계, 협력해서 창의적 체험활동을 내실 있게 운영할 수 있도록 지원하고 관내 학교가 활용 가능한 '지역 자원 목록'을 작성하여 제공하는 등의 구체적 지원 방안을 마련해야 함이 강조되었다.

학교에서는 이러한 지원을 적극 활용하여 동아리활동이 교내뿐 아니라 지역사회에서도 활발하게 실천될 수 있도록 하고, 지역사회 인사 및 학부모 가운데 초등학교 학생들의 동아리활동에 자발적이고도 전문적으로 조력할 수 있는 인적 자원을 발굴하여 학생들에게 실질적인 지도와 도움이 될 수 있도록 해야 함을 강조한다. 동아리 활동에는 예술·체육 활동, 학술·문화 활동, 실습·노작 활동, 청소년 단체 활동 등 4가지가 있다.

③ 봉사활동

봉사활동은 실천하는 과정을 통해 타인에 대한 배려심과 공동체 의식을 함양하고, 협력과 호혜 정신을 기를 수 있음을 강조한다. 즉 봉사활동의 목적은 나눔과 배려를 통해 이웃과 서로 사랑하는 마음을 기르고, 호혜 정신을 기르며, 더불어 사는 공동체 의식을 갖도록 하는 데 있다.

초등학교 단계에서의 봉사활동은 결과보다 봉사활동을 실천하는 과정에서 초등학생들이 배우게 되는 교육적 의미를 강조하고 있으며, 또한 지역사회에 대한 관심을 높이고, 지역사회의 발전을 위해 애쓰는 태도를 갖게 하는 데 중요성을 둔다.

봉사활동은 이웃돕기 활동, 환경 보호 활동, 캠페인 활동 등 3가지로 구성되어 있으며, 환경 보호 활동의 목표는 '환경을 보호하는 마음과 공공시설을 아끼는 마음을 기른다'로 제시되어 있다.

④ 진로활동

초등학교에서는 학생들이 자기 자신에 대한 이해를 바탕으로 직업 선택에 필요한 초보적인 지식과 기능을 함양하고 직업과 관련된 다양한 체험 활동을 하는 것을 목표로 하는 것이 바람직하다. 진로활동은 자기이해 활

교육실천가를 위한 사회환경교육론 2

동, 진로 탐색 활동 등 2가지로 구성되어 있다.

초등학교에서의 진로활동에서는 특정 교과목과 연계하여 활동하기보다는 학생들이 학교나 지역사회 시설 등을 활용하여 직업에 대해 탐구하고 직접적인 체험을 할 수 있도록 많은 기회를 제공하도록 강조한다. 봉사활동이나 동아리활동과 연계하여 진로활동을 지도하거나, 지역사회 인사를 방문하여 다양한 직업인과 면담을 하면서 해당 직업을 선택했을 때의 좋은 점과 힘든 점 등을 조사하도록 하고, 또한 지역사회 시설 등을 활용하여 진로에 관련된 직접적 체험을 할 수 있게 함으로써 더 적극적인 진로활동 지도를 실시함을 강조한다.

▶ 활동2. 창의적 체험활동 연계하기

1. 초등학교에서의 창의적 체험활동 중 동아리 활동 영역에서 '청소년 단체 활동'을 지원할 수 있는 우리 지역의 환경교육 시설이나 환경교육 프로그램을 찾아보자.

2. 초등학교에서의 창의적 체험활동 중 진로활동 영역에서 '진로 탐색 활동'을 지원할 수 있는 우리 지역의 환경교육 시설이나 환경교육 프로그램을 찾아보자.

학교 환경교육과의 연계

1) 사회 – 학교 협력 환경교육

학교교육에서 환경교육은 인지적 영역과 정의적 영역에서의 균형 있는 발달을 강조하고 있으나, 학습자의 경험 중심의 체험학습은 시간, 장소, 전문 교사의 부족 등의 제약에 의해 어려움을 겪고 있다. 이에 반해 사회 환경교육은 체험활동을 위한 장소와 제반 시설 및 인적 자원을 갖추고 있으나, 전문적인 교수학습 자원의 확보에 어려움이 있다.

따라서 환경교육이 유·초·중등학교부터 대학, 시민교육에 이르기까지 평생학습의 차원에서 지속적으로 이루어지기 위해서는 학교 환경교육과 사회 환경교육의 협력을 통한 체계적인 환경교육의 실행이 요구된다.

여기에서는 사회 환경교육자로서 사회 환경교육 단체를 중심으로 하는 사회-학교 협력 환경교육의 실행 방안에 대해 소개한다. 이 자료는 '학교-사회 협력 환경교육 실천을 위한 모델 개발 연구[3]' 중 학교-사회 환경교육 단체 협력 모델 자료에 기초하였다.

* 사회 – 학교 협력 환경교육의 개념

학교 환경교육과 사회 환경교육은 서로 부족한 점을 보완하는 데 필요한 요소를 가지고 있어 이 둘의 협력을 통해 각각의 장점을 발전시키고 한계를 극복할 수 있다. 사회-학교 협력 환경교육이란 지역의 사회 환경교육 시스템을 학교의 정규 교육과정과 창의적 체험활동 등의 교육활동과 협력하여 운영하는 것을 의미하며, 학교와 학부모, 지역사회가 연대하여 지역에 적합한 프로그램을 개발하고, 각 주체가 자신의 장점을 발휘할 수 있도록 역할을 분담하고 협력하여 환경교육을 수행하는 일련의 과정을 거칠 수 있다.

환경교육의 수행 과정은 자연체험에서부터 지역사회의 문제를 파악하고 해결해가는 실천적 경험까지를 모두 포함할 수 있으며, 다양한 주체들이 함께 연계하고 협력하여 필요한 교육활동을 전개하는 과정을 통해서 서로의 역량을 강화시키는 긍정적인 효과를 얻을 수 있다.

• 사회-학교 협력 환경교육을 성공으로 이끌기 위한 전문가의 조언
사회-학교 협력 환경교육 사업을 시도하고자 하는 주체들은 다음과 같은 점을 고려하여야 한다.

① 모든 주체가 적극적으로 참여해야 한다.
협력은 일을 상대에게 미루는 것이 아니며, 같이 해서 더 많은 것을 얻기 위한 시도임을 기억하여야 한다. 모든 주체가 적극적으로 참여하도록 독려하는 자리를 만드는 것도 도움이 된다.

② 상대에게 신뢰를 주고, 상대를 신뢰하여야 한다.
협력을 하려면 각 주체가 필요한 역량을 갖추고 있어야 한다.

③ 학교는 단체를 존중하고, 단체는 학교 체계를 이해해야 한다.
간혹 학교가 작은 단체를 동등하게 상대하지 않으려는 경우가 있다. 협력은 상대를 존중할 때 가능하다는 것을 학교는 기억할 필요가 있다. 또 단체는 학교의 체계, 문화, 행정을 이해하고 접근해야 한다. 존중과 이해는 서로에게 꼭 필요한 사항이다.

④ 프로그램은 학교 교육과정과 연계하는 것이 좋다.

학교는 모든 활동이 교육과정 속에서 이루어지므로, 협력 환경교육 프로그램도 교육과정 속에 포함되도록 고려해야 한다. 학교가 교육과정을 기획하는 시기와 교육과정의 방향을 미리 파악하고 접근해야 성공 가능성이 높다.

⑤ 사람보다는 체계가 중심이 되어야 한다.

협력 사업이 특정 인물을 중심으로 진행되는 경우, 담당자가 이동하거나 업무 변동이 생기면 사업 진행이 어려워지므로, 체계를 세워서 누구라도 그 업무를 안정적으로 할 수 있도록 한다.

⑥ 내부에서 먼저 협력이 이루어져야 한다.

외부와 협력히기 전에 먼저 내부 구성원 간에 시향과 복표가 공유되어야 한다. 내부 협력이 부실하면, 타 기관과의 협력도 어려워질 수밖에 없다.

⑦ 준비 기간에 가장 공을 들여야 한다.

협력은 준비, 실행, 평가로 진행되는데 그중 가장 중요한 것은 준비 과정이다. 주체들이 관계를 형성하고, 신뢰를 형성하는 것이 제일 중요하다.

⑧ 지역 문제와 연계한 프로그램을 고안한다.

지역의 사회 환경교육 단체는 지역 문제에 대한 전문성을 갖고 있으므로 협력을 할 때 이 점을 충분히 활용하도록 한다. 지역 문제를 교육에 접목하는 것은 환경교육이 지향하는 방향이기도 하다.

⑨ 교사 및 학부모에게 환경교육을 하면 좋다.

학생들을 대상으로 하는 교육도 중요하지만, 교사와 학부모에게 환경에 대한 인식과 환경교육의 필요성을 심어 준다면 그것만큼 성공적인 결과는 없다. 이를 통해 학생들에게 장기적이고, 안정적인 교육을 할 수 있도록 한다.

⑩ 단체는 자신의 역량과 성과를 가시적으로 보여줄 필요가 있다.

사회 환경교육 단체가 학교나 기업과의 협력을 시도할 때 단체의 역량을 구체적으로 보여줄 필요성이 있다. 숫자로 된 데이터, 그래프, 표 등을 사용한 계획서나 결과보고서를 활용한다.

⑪ 사회 환경교육 단체가 협력해서 역량을 알리는 기회를 만든다.

학교는 사회 환경교육 단체의 존재와 역량을 잘 모른다. 지역의 단체들이 협력해서 홍보 자료를 배포하거나, 행사를 개최해서 교사와 관계자들을 초대할 수 있다. 단체가 무엇을 잘 하는지, 무엇을 할 수 있는지 알리는 것이 협력의 첫 출발점이다.

▶ 활동3. 사회-학교 협력 과정 이해하기

다음은 학교의 방과 후 학교 담당교사와 사회 환경교육 단체의 교육담당자 간에 협력의 과정을 단계별로 제시한 자료이다.

학교 (방과후학교 담당 교사)	단계	사회환경교육단체 (교육담당자)
• 방과후학교 운영 계획 • 협력프로그램 설정	기획	• 방과후학교 이해 • 프로그램 방향 결정 • 프로그램 안내자료 작성
• 학생, 학부모 안내 • 행정 업무 처리	준비	• 프로그램 수정, 보완 • 학생용 안내물 작성 • 서류제출
• 프로그램 실행 • 모니터링	실행	• 프로그램 실행 • 모니터링 • 결과 수시 정리
• 평가 • 성과정리	평가	• 평가, 반성, 성과정리 • 지속적 협력 계획 • 파트너십 유지
	지속적 협력	

- - - - - - - -

협력의 강도

1. 초등학교에서 시행하고 있는 '방과후학교'에 대해 조사해 보자.

2. 우리 지역 초등학교에서 시행하고 있는 방과후학교 프로그램 중에서 환경교육 프로그램을 찾아보자.

3. 다음 사례를 읽고, 물음에 답해 보자.

A환경단체의 교육 담당자는 환경교육 대상자를 넓히는 것이 중요하며 학교를 대상으로 지속적인 환경교육이 이루어질 수 있도록 해야겠다고 생각했습니다. 그래서 주변 학교를 찾아 방과 후 학교 과정에 단체 프로그램을 넣을 수 없는지 무작정 홍보하기 시작하였습니다. 그러나 생각보다 학교에서는 검증되지 않은 새로운 기관의 프로그램이 들어오는 것에 대해 조심스러워하였습니다. 그래서 우선 방과 후 학교 담당자를 만나 학생들을 대상으로 운영했던 프로그램과 성과를 소개하고, 운영 결정권을 가진 관리자(교감선생님, 교장선생님 등)를 만나 설명하기로 하였습니다. 이를 위해 단체의 방과 후 학교 안내문을 작성하기로 하였고, 간단히 정리하여 학교에 가져가 설명하였습니다.

- 방과 후 학교 안내문에 반드시 들어가야 할 내용에는 어떤 것이 있는지 적어 보자.
- A환경단체의 환경교육 강사 B는 방과 후 학교 확정 후, 아이들과 만나는 첫 시간을 위해 오리엔테이션 자료를 만들어 아이들과 학부모에게 제공하려고 한다. 어떤 내용들이 포함되어야 하는지 적어 보자.
- 환경교육 강사 B는 학교의 교육일정과 시간을 엄수하고, 교육이 진행되는 과정이나 결과물 등을 꼼꼼히 기록하며 수업을 진행하던 중 다음과 같은 문제에 직면하였다. 이를 해결하기 위한 방안을 생각해 보자.
  - 수업 도중 아이가 다쳤어요. 어떻게 해야 할까요?
  - 설명하려는 데 아이들이 집중하지 않아요. 어떻게 할까요?

참고문헌

1. 김숙자, 우선옥(2014). "5세 누리과정 교사용 지도서에 나타난 환경 관련 교육내용 분석". 「유아교육학논집」, 제18권 1호. 한국영유아교원교육학회.
2. 교육부(2015). 교육부 고시 제2015-74호 [별책1] 2015 개정 초중등학교 교육과정 총론.
3. 환경부(2013). "학교-사회 협력 환경교육 모델 개발 연구." 국가환경교육센터.

제2장

환경교육공학

■ **교과목 개요**
• 수업지도안을 개발하기 위해 필요한 수업이론의 원리와 절차, 교수 매체의 선정과 활용에 관한 모형을 소개한다.
• 수업실행에 필요한 의사소통의 원리를 소개한다.
• 수업계획 및 실행에 필요한 원리와 절차를 적용하여 교수–학습 지도안을 개발하고 발표하도록 한다.

■ **교육목표**
• 수업계획과 실행을 위한 주요 이론과 모형을 이해하고, 이를 적용하여 한 차시에 해당하는 수업지도안을 개발하고 시연해 봄으로써 사회 환경교육 전문가로서 갖추어야 할 교수–학습 역량을 키운다.

■ **교육내용**

1. 환경교육공학 이해	〈핵심개념〉 • 수업이론, 교수매체의 선정과 활용, 수업실행, 의사소통 모형 〈세부목표〉 • 수업계획의 필요성을 설명할 수 있다. • 학습의 과정과 학습의 과정을 촉진시키기 위한 수업 활동 계획의 원칙을 설명할 수 있다. • 효과적인 교수 매체의 선정과 활용을 위한 주요 원칙을 단계에 따라 설명할 수 있다.
2. [실습 I] 수업 지도안 개발	〈핵심개념〉 • 수업지도안 개발 〈세부목표〉 • 수업이론을 적용하여 수업지도안을 개발할 수 있다.
3. [실습 II] 교수 실행	〈핵심개념〉 • 교수 실행(마이크로 티칭) 〈세부목표〉 • 의사소통의 원리를 적용하여 수업지도안에 따라 수업실행을 할 수 있다.

1

환경교육공학 이해

수업계획의 필요성

가르치는 사람이라면 누구나 한 번쯤 '어떤 수업이 좋은 수업일까?', '어떻게 하면 잘 가르칠 수 있을까?'라는 고민을 해 보았을 것이다. 어떤 수업이 좋은 수업인지 한마디로 정의하기는 어렵지만, 어떻게 하면 잘 가르칠수 있는가에 대해 교수-학습 전문가들은 일반적으로 '계획과 연습'이라는답을 한다. 즉, 잘 가르치기 위해서는 어떤 내용을 어떻게 가르칠 것인가에 대한 구체적인 계획과 준비가 필요한데, 이를 수업계획 혹은 수업지도안 개발이라고 부른다.

한편 실제 교육 현장에서는 수업지도안이 연구수업을 하는 몇몇 교사나교육실습생들에게는 필요하지만 경험이 많은 일반 교사들은 이미 가르칠내용과 방법이 머릿속에 있기 때문에 굳이 수업지도안을 작성할 필요가 없다고 생각한다. 그러나 건물을 지을 때 구체적인 설계도가 있어야 원하는집을 지을 수 있듯이 수업을 할 때도 누구에게, 어떤 목적을 위해, 어떤 내용을, 어떻게 전달하고, 평가할지에 대한 구체적인 계획과 준비가 있어야 좋은 수업을 할 수 있다.

수업지도안을 개발하는 활동에는 수업의 목표를 확인하는 것과 가르칠 내용과 대상을 파악하는 것, 어떻게 가르칠 것인가에 대한 준비, 평가에 대한 계획과 수업에서 활용할 매체를 선정하는 것 등 매우 복잡하고 다양한 활동들이 포함되어 있다. 그뿐만 아니라 수업계획을 위해 고려해야 할 여러 요소들 간에는 체제적인 특성이 있다. 체제적이란 하나의 요소와 다른 요소들 간에 상호 연관성이 있음을 의미한다. 예를 들어 수업을 설계할 때 선수 학습 수준이나 학습동기 등과 같은 학습자 특성이 가르칠 내용을 선정하거나 학습목표를 설정하는 단계뿐만 아니라 수업전략과 매체 선정에도 영향을 미친다. 또한, 학습자 분석에 문제가 있는 경우에는 학습자 분석 단계만 수정하면 되는 것이 아니라 학습목표 설정, 평가, 수업전략 등의 단계도 모두 함께 수정되어야 하는데, 이는 수업을 위해 고려해야 할 요소들 간에 상호연관성이 있기 때문이다.

이처럼 수업지도안을 개발하는 것은 전문적인 지식과 기술, 그리고 경험을 요구한다. 따라서 전문가로서 수업을 계획하고 준비하기 위해서는 먼저 학습이 일어나는 과정에 대한 이해가 필요하다.

수업지도안 작성 시 고려사항

수업을 준비하면서 흔히 하는 실수 중 하나는 '수업에서 내가 무엇을 해야 할 것인가?'에만 초점을 맞추는 것이다. 교수자로서 '나에게 주어진 수업 시간에 내가 무엇을 해야 하는가'에만 집중하다 보면 지도안에 담긴 교수활동에는 지식을 전달하는 활동에만 한정되게 된다. 하지만 조금 다른 시각에서 본다면 수업은 가르치는 시간이 아니라 학생들이 배우는 시간이다. '학생들이 무엇을 배우도록 할 것인가?'에 집중하다 보면 가르치는 것의 의미가 지식을 전달하는 차원을 넘어서 학습을 촉진하기 위해 돕는 총체적인 활동, 좀 더 깊이 있는 학습으로 유도하고 최상의 학습 환경을 조성해 주는 활동으로 확장된다. 교수(敎授)가 아닌 학습(學習)의 관점에서 수업을 계획하려면 먼저 일련의 수업에서 학생들이 겪는 학습의 과정을 이해해야 한다.

1) 학습의 과정 이해하기

정보처리이론은 학습의 과정을 설명하는 대표적인 이론이다. 이 이론에서 학습이란 인지과정의 변화를 의미한다. 즉 교육자가 준비한 수업자료를 보거나(시각) 혹은 설명을 듣는 것(청각)과 같은 일련의 자극이 뇌에서 처리되고 저장된 것을 학습된 것으로 보는 것이다. 이러한 관점에서 학습이라는 것이 일어나기 위해서는 먼저 학생이 수업에서 주어지는 자극인 설명이나 수업자료에 주의를 기울여야 한다. 하지만 주의라는 것은 일종의 자원으로 볼 수 있기 때문에 수업 내내 주의를 집중하기란 쉽지 않다. 따라서 주의를 환기하고 지속적으로 유지하기 위해서는 동기가 필요하다. 주의력은 목표나 기대에 근거하여 선택적으로 일어나기 때문에 수업을 마치면 그 결과로 얻게 되는 것 즉, 학습목표를 성취하고자 하는 동기가 있을 때 학생들은 수업에 몰두할 수 있다.

동기화가 된 후에는 중요한 것과 덜 중요한 것을 구별하여 선택적으로 정보를 처리한다. 즉 중요한 내용만 선택적으로 단기기억에 저장되어 처리된다. 이후로 단기기억을 거친 정보가 장기기억에 저장되기 위해서는 다시 변형의 과정을 거쳐야 하는데, 새로운 정보가 더 잘 기억될 수 있도록 조직되는 이러한 변형의 과정을 의미적 부호화라고 부른다. 장기기억에 저장된 정보가 오랫동안 기억되기 위해서는 복습이나 연습이 필요하다. 복습이나 연습의 과정을 거치지 않으면 저장된 정보는 희미하게 남아 있다가 결국은 사라지게 된다. 장기기억에 저장된 정보는 학습이 잘 일어났는지 확인하는 과정에서 탐색 또는 회상의 과정을 거치게 되는데 이때 다양한 맥락에서 학습한 것을 적용해 보면 배운 것을 더 잘 기억하고 활용할 수 있다.

2) 학습의 과정을 촉진하기 위한 수업 활동 계획의 원칙

학습이라는 것을 일련의 정보처리 과정으로 보았을 때 교육자는 학습의 과정이 잘 일어날 수 있도록 적절한 활동을 제공해야 한다. 효과적인 학습을 유발하기 위해 적용할 수 있는 수업 활동 계획의 원칙을 제시하면 다음과 같다.

• 하습을 위한 준비 활동 계획
– 학습할 내용에 대해 흥미를 가질 수 있는 활동을 준비하자.

본격적인 수업을 시작하기 전에 교육자가 가장 먼저 해야 할 일은 학생들이 학습내용에 주의를 기울일 수 있도록 하는 것이다. 이를 위해서는 무엇보다 배울 내용이 흥미로운 것임을 알려주는 것이 필요한데, 이를 위해 흔히 사용하는 전략은 동영상이나 사진, 질문을 활용하는 것이다. 예를 들어에너지와 관련된 수업을 할 때, 전화기, 컴퓨터 키보드, 운동화, 드라이기, 바람막이 점퍼, 풍선껌 등 석유로 만든 제품의 사진을 보여주고 "사진에 나오는 물건들의 공통점이 무엇일까?"와 같은 질문을 함으로써 학습의 흥미를 유발할 수 있다.

- 학습목표를 명확하게 설정하자.

학습목표는 학생들이 수업에 대한 기대감을 형성할 수 있도록 도와준다. 그래서 수업을 시작할 때 목표를 명확하게 제시하면 더 잘 학습하는 경향이 있다. 특히 학습 활동이 수업 목표와 어떤 관련성이 있는지를 알려줄 때, 학생들은 그 목표를 달성하기 위해 더 노력하게 된다. 학습목표는 교육자가 학생에게 기대하는 수준에 따라 〈표 1〉에 제시한 행동동사를 활용하여 가능한 구체적으로 알려주는 것이 좋다.

표1. 학습목표의 종류

학습자에게 기대하는 수준	기대하는 학습자 행동 기술
수준 1: 지식/이해 사물을 기억하고 인식한다.	분류하다 정의하다 예를 들다 설명하다 파악하다 연결하다 인식하다 환언하다 열거하다 명명하다 선전하다 진술하다
수준 2: 적용 상황을 구체화하기 위해 정보를 활용한다.	택하다 계산하다 조립하다 작용하다 수행하다 예견하다 각색하다 해석하다 활용하다 실증하다
수준 3: 분석 자료를 기본적 단위로 분석하거나 분해한다.	분석하다 분류하다 비교하다 구분하다 구별하다 시험하다 대조하다 비평하다 분리하다 표시하다
수준 4: 종합 분석된 요소들을 새로운 구조나 조직으로 종합한다.	정렬하다 결합하다 구성하다 논의하다 공식화하다 일반화하다 설정하다 요약하다 쓰다 조직하다 모으다 관련시키다 표시하다

- 이미 배운 내용을 상기시키자.

일련의 수업은 연속성을 지니고 있다. 따라서 새로운 내용을 학습할 때는 이미 학습한 결과(선수학습)가 학습에 영향을 미친다. 이미 학습한 지식을 바탕으로 다음 단계의 수업활동이 이루어지기 때문에 지난 시간에 다룬 내용을 간략히 언급하면서 학생들이 새로운 지식을 받아들일 수 있는 준비를 하면 효과적으로 학습할 수 있다.

- 학습 활동 계획
- 학습할 내용의 유형에 따라 가르치는 전략을 달리하자.

수업에서 다루고자 하는 학습내용의 유형에 따라 효과적인 설명 방식(교수전략)은 달라질 수 있다. 많은 정보를 기억해야 하는 과제에서는 기억술을 적절히 활용하여 가르치는 것이 필요하며, 개념을 가르칠 때는 중요한 특성을 설명하면서 알고리듬을 활용하면 효과적으로 가르칠 수 있다. 예를 들어 조선시대를 다루면서 왕위 계보를 가르친다고 가정해 보자. 27명의 왕 이름을 순서대로 외워야 한다면 어떻게 가르치는 것이 효과적일까? 여러 가지 방법으로 가르칠 수 있겠지만 가장 효과적인 방법 중 하나는 기억술을 활용해서 가르치는 것이다. 우리가 흔히 아는 '개나리 노래'의 리듬에 맞춰 왕의 앞 글자만 따서 '태정태세 문단세 예성연중 인명선 광인효현 숙경영 정~순헌 철고순'으로 반복해서 가르친다면 쉽고 오랫동안 배운 내용을 기억할 수 있을 것이다.

- 기억술이란?[2]

기억술이란 의미 없는 자료를 더 유의미하고 기억하기 쉬운 이미지나 단어, 어구 등과 연결시킴으로써 기억을 돕는 방법이다. 예컨대, '아껴 쓰고, 나눠 쓰고, 바꿔 쓰고, 다시 쓰자'는 물자를 절약하고 재활용하기 위한 운동을 '아나바다'라고 하여 첫 글자만 따서 약어로 외우거나 입춘, 우수, 경칩, 춘분, 청명 등과 같은 24절기를 구슬비 동요에 맞추어 부르는 것이 그 예이다. 또 '십 리 절반 오 리마다 있는 오리나무, 줄기를 자르면 아기 똥 같은 노란 액체가 나오는 애기똥풀, 나무줄기를 꺾어 물에 넣으면 물이 푸르스름해지는 물푸레나무'처럼 식물의 모습이나 특징으로 이름을 외우는 것이 기억술에 해당된다.

다음으로 개념을 가르칠 때는 먼저 학생들이 ① 전형(Prototype)을 형성할수 있도록 해야 하는데, 전형이란 특정 개념을 대표하는 일반적인 사례를의미한다. 예컨대, 곤충의 개념을 가르친다고 하면 개미가 바로 곤충의 전형이 될 수 있다. 전형을 형성한 다음에는 ② 한 개념에 속하는 다양한 사례들이 공통적으로 지니고 있는 특성을 설명한다. 곤충의 사례에서는 '머리, 가슴, 배로 나뉜다.', '다리가 3쌍이다.', '더듬이가 한 쌍이다.' 등은 공통적인특성이다. 곤충이 지닌 공통적인 특성을 학생들이 학습하도록 돕기 위해서는 두 가지 방식을 사용할 수 있다. 첫째, 정의를 제시하는 것이다. 예를 들어, 곤충의 중요한 특성부터 교육자가 설명하는 방식이 이에 속한다. 둘째, 개념에 속하는 사례와 사례가 아닌 것(비대응 사례)을 비교하는 것이다. 예를들어, 어류의 개념을 설명한다고 하면 어류에 속하는 다양한 사례(고등어, 갈치 등)와 사례가 아닌 것(고래)을 제시하여 어류의 특성을 파악하도록 하는 것이다. 마지막으로 다양한 사례들이 어떤 점에서 한 개념의 사례가 될 수 있는지를 학습하도록 한다. 이를 위해 교사는 ③ 무시해도 좋은 곤충의 특성(다른 개념과 공유하고 있는 특성)을 설명한다. 이러한 단계를 통해 개념을 가르칠때 학생들은 좀 더 효과적으로 개념을 학습할 수 있다.

- 새로운 내용을 학습하는 데 도움이 될 만한 추가 사례, 맥락 정보, 멀티미디어 자료 등을 활용하자.

해당 차시에 다룰 핵심적인 내용을 가르친 후 복잡하면서도 다양한 추가사례나 자료를 제시하면 폭넓고 깊은 지식의 획득이 가능하다. 효과적인 수업은 풍부한 사례를 준비하여 제시하는 것이라고 해도 과언이 아닐 만큼 다양한 사례나 질문, 자료 등을 적절히 사용하면 효과적으로 학습의 과정을도울 수 있다.

- 학습을 위한 마무리 활동 계획
- 배운 내용에 대한 연습 혹은 실습 과제를 준비하자.

교육자가 선정한 교육 목표를 달성하기 위해서는 연습 혹은 실습의 단계가 필요하다. 배운 내용을 연습이나 실습을 통해 실제 적용하면서 피드백을 받는 것이 효과적이며 중요하다는 것은 다양한 학습이론에서 공통적으로 강조하는 것이다. 이를 위해 수업 중간에 어떤 과제를 통해 연습 혹은 실습의 기회를 제공할 것인지 미리 준비해야 한다. 이와 함께 학생들의 수행에 대해 어떻게 피드백을 할 것인지도 함께 계획하여야 한다. 피드백을 제시할 때에는 학생의 수행에 대해 무엇이 부족한지, 어떻게 개선할 필요가 있는지에 초점을 맞추는 것이 필요하며, 피드백이 효과적이기 위해서는 가능한 구체적이면서 즉각적으로 학생의 수행에 대한 피드백을 제시하는 것이 좋다.

- 수업에서 다루었던 내용을 요약하여 제시하자.

수업을 시작하기, 설명하기, 정리하기 단계로 구분했을 때 일반적으로 교육자들이 가장 지키지 못하는 단계가 바로 정리하기이다. 정리하기 단계는 수업의 흐름을 매듭지으면서 강한 인상을 주는 중요한 단계이다. 따라서 수업의 마지막 단계에서는 수업시간에 다루었던 내용을 다시 한번 정리하고, 새로 배운 내용이 다음 시간에 다룰 내용과 어떻게 연결되는지를 간단히 설명하면 배운 내용을 오랫동안 기억하는 데 도움이 된다.

교수매체의 선정과 활용[1]

- 수업 상황(학습자, 수업환경)

매체를 선택할 때에는 학생의 연령, 지적 수준, 태도 등을 고려해야 한다. 예를 들어, 경험이 많은 성인들은 추상적 사고가 가능하기 때문에 그래픽이나 표와 같은 정보를 제공하는 것이 필요하다. 반면 어린 학생들의 경우에는 구체적인 매체나 실제 경험이 주어졌을 때 더 잘 학습한다.[3] 따라서 이들에게는 그림이나 애니메이션 등을 적극 활용하는 것이 필요하다. 학생들의 특성뿐만 아니라 수업의 형태와 전략 또한 매체 선정에 영향을 미친다. 예를 들어, 대집단 수업에서는 파워포인트나 OHP, 슬라이드 등을 선정하는 것이 유리하며, 소집단의 수업에서는 컴퓨터와 같은 개별화 매체를 선정하는 것이 유리하다.

또한 매체를 효과적으로 활용할 수 있는 시설의 여부도 매체 선정에 영향을 미친다. 매체를 활용할 수 있는 적절한 시설이 갖추어지지 않은 경우에는 아무리 좋은 매체라고 하더라도 그 효과를 충분히 발휘할 수 없다. 한 예로 프로젝터나 OHP를 사용하려고 하는데 스크린이 없다면 이러한 매체의 효과성을 기대하기 어렵다.

- 수업의 목표와 내용

수업의 목표와 내용에 따라 효과적인 매체도 다를 수 있다. 예컨대, 수업

---

(1) '교수매체의 선정과 활용'은 Heinich, R., Molenda, M., Russell, J., & Smaldino, S. (2002). Instructional media and technologies for learning (7th ed). Englewood Cliff, NY: Prentice Hall.의 내용 중 일부를 환경교육공학 과목 및 학습자에게 맞게 재구조화하여 기술한 것이다.

의 목표가 '환경오염의 예를 제시하는 것'과 같은 인지적인 영역인 경우에는 그림이나 슬라이드가 적합하다. 반면 '건강에 해로운 식품의 섭취를 줄이는 것'과 같이 태도와 관련된 내용을 다룰 때는 TV나 멀티미디어 등과 같은 시청각 매체가 더 효과적이다.

• 매체의 물리적 속성과 기능

수업 상황과 목표 및 내용에 적절한 매체를 선정하기 위해서는 매체의 속성에 대한 고려도 필요하다. 매체의 속성이란 시각, 청각, 시청각, 동작, 크기, 색채 등을 의미하는데, 만약 수업에서 다루는 내용이 곤충의 개념이라면 그림이나 사진을 사용하는 것이 적절한 반면, 기계의 작동 과정을 설명하고자 한다면 움직임을 보여줄 수 있는 동적인 매체를 선정하는 것이 적절하다. 주어진 상황에 어떤 매체가 적합한지 판단하기 위해서는 다음에 제시한 질문을 활용하는 것이 좋다.

- 상황에 적절한 매체를 선정하기 위한 질문

∨ 내용을 영상으로만 제시할 것인가? 영상과 음향으로 제시할 것인가?

∨ 흑백으로 제시할 것인가? 컬러로 제시할 것인가?

∨ 크게 투사될 수 있는 투사매체로 제시할 것인가?

∨ 동적인 형태로 제시할 것인가? 정적인 형태로 제시할 것인가?

∨ 구두로 제시할 것인가? 인쇄된 언어로 제시할 것인가?

∨ 개별학습에 사용할 것인가? 집단 내의 상호작용에서 사용할 것인가?

교육실천가를 위한 사회환경교육론 2

2) 교수매체 선정 및 활용 모형

수업에 필요한 교수매체를 선정하기 위해서는 앞서 언급한 수업 상황, 수업의 목표와 내용, 매체의 속성 등을 고려해야 한다. 하지만 교수매체를 선택하고 활용하는 단계에서 가장 중요한 것은 이러한 매체가 학생들의 이해를 돕고, 동기를 유발하며, 효과적인 학습에 기여할 수 있어야 한다는 점이다. 이를 위해서는 처음부터 동기, 내용, 연습, 피드백과 같은 학습의 요소가 포함되어야 한다. 매체를 효과적이고 체계적으로 활용하려면 아래에 제시된 6단계를 따르면 된다.

- 학습자 분석하기

학습자 분석하기 단계에서는 학습자의 일반적인 특성을 분석한다. 일반적인 특성이란 연령, 성별, 직업, 학습스타일, 매체에 대한 태도나 사용 능력, 지적 수준, 학습자가 처한 환경 등을 의미한다. 학습자 특성을 분석할 때 흔히 하는 실수 중 하나는 학생들의 모든 특성을 분석하려고 하는 것이다. 분석된 모든 특성을 반영한다는 것은 현실적으로 불가능하다. 따라서 학습자 분석에 있어서 효율성을 추구하기 위해서는 학습에 영향을 미칠 만한 특성을 선택적으로 분석하는 것이 필요하다.

- 수업목표 진술하기

수업목표를 진술할 때에는 수업을 통해 학생들이 도달해야 하는 지식, 기능, 태도를 명확하게 진술하는 것이 필요하다. 학생들이 수업의 결과로 무엇을 할 수 있게 될 것인가의 관점에서 목표를 명확하게 진술하기 위해서는 '예를 들 수 있다', '분류할 수 있다', '선택할 수 있다', '자세를 취할 수 있다' 등과 같은 행동동사를 활용하는 것이 좋다.

- 수업 매체와 자료 선정하기

적절한 수업 매체와 방법을 결정하고, 이를 실행하기 위해서는 수업자료가 필요하다. 수업자료는 기존에 있는 이용 가능한 자료를 그대로 사용하거나, 기존의 자료를 수정하거나, 새로운 자료를 개발하는 방식 중에서 선택할 수 있다. 자료를 선택하는 경우에는 다음에 제시한 체크리스트의 질문이 자료 선택의 기준으로 활용될 수 있다.[4]

표2. 교수 자료 선정을 위한 체크리스트

항목	예	아니오
교육목표와 일치하는가?(목표를 성취하기 위해 필요한가?)		
정확하고 최신의 것인가?		
분명하고, 정확한 언어를 사용하고 있는가?		
흥미를 유발하고 유지시키는?		
학습자의 참여를 유발하는가?		
기술적 품질이 좋은가?		
자료의 효과성에 대한 증거가 있는가?		
의도적인 편견이나 상업광고적인 성격이 없는가?		
사용자 안내문을 포함하고 있는가?		

- 수업 매체와 자료 활용하기

수업 매체와 자료를 선정한 후에는 선택한 자료들을 어떻게 활용할 것인가에 대한 계획을 세워야 한다. 효과적인 활용을 위해서는 자료를 사전에 확인하고, 강의실 배치와 필요한 기자재나 시설, 자료를 사용할 환경을 점검하고 실제 사용하기 전에 연습해 보는 것이 필요하다. 효과적으로 수업 매체와 자료를 활용하기 위해서는 다음에 제시된 다섯 단계를 따르는 것이 좋다.

– 수업 매체와 자료를 효과적으로 활용하기 위한 5가지 팁

① 매체와 자료를 사전에 확인한다.

매체와 자료를 효과적으로 활용하기 위해서는 선택된 매체 및 자료에 대한 일반적인 평가와 동료 교사들의 평가 자료를 검토한 후 직접 사용해 보고 전체적인 내용과 문제점을 살펴보는 것이 필요하다.

② 매체와 자료를 사전에 준비한다.

수업을 위한 매체와 자료를 준비하고, 어떤 순서와 방법으로 자료나 매체를 사용할 것인지 결정한다.

③ 매체와 자료를 사용할 환경을 준비한다.

수업하려는 장소가 매체를 사용하기에 적절한지 확인하고, 적절한 시설이 갖추어져 있는지, 제대로 작동하는지 점검한다. 또한 모든 학생들이 잘 보고 들을 수 있도록 자리를 배열한다.

④ 학생들을 준비시킨다.

학생들이 수업에 대한 적당한 기대감과 동기를 갖도록 전반적인 개요를 제시하거나 수업 내용이 현실 세계와 어떤 관련성이 있는지, 수업 내용을 왜 알고 있어야 하는지 등을 제시한다.

⑤ 매체와 자료를 통해 학습경험을 제공한다.

모든 준비가 끝나면 매체와 자료를 활용하여 수업을 진행한다.

- 학습자 참여 유도하기

수업 과정에서 학습자의 참여를 요구하는 이유는 학생들이 학습과정에 능동적으로 참여해야 학습이 향상되기 때문이다. 학생들이 목표로 하는 지식이나 기능을 연습할 수 있는 기회는 토론, 퀴즈 등을 통해 다양하게 제시할 수 있으며, 이러한 활동에 대해 피드백이 제시되어야 더 의미 있는 학습경험이 될 수 있다.

- 평가와 수정하기

수업을 마친 후에는 학생들이 수업을 통해 성취한 것과 함께 수업에서 활용된 학습 방법과 매체에 대해서도 평가하고, 평가 결과에 따라 준비한 수업을 수정해야 한다. 평가에서는 매체 및 수업자료가 효과적이었는지, 개선할 점은 무엇인지, 학생의 성취적 관점에서 효과적이었는지, 의미 있는 수업 참여를 제공해 주었는지 등을 포함한다. 만약 의도했던 것과 실제 달성한 것에 차이가 있다면 다음 수업을 위해 수정의 단계를 거친다.

수업 실행을 위한 의사소통 모형

교육자가 학습내용을 학생들에게 설명하는 것의 효과성은 교육자의 의사소통 능력에 좌우된다. 예를 들면, 학생들과 눈을 마주치면서 적당한 톤의 목소리로 제스처를 활용하여 강의하는 것은 그렇지 않은 경우에 비해 내용 전달에 있어 훨씬 효과적이다. 또한, 자신의 강의를 비디오로 녹화한 후 설명의 원칙을 잘 적용하면서 수업을 하고 있는지 평가하고 개선방안을 찾아보는 것이 필요하다.

1) 설명의 원칙

준비한 내용을 잘 전달하는 데 영향을 미치는 요소는 크게 언어적 요소와 비언어적 요소로 구분할 수 있다. 언어적 요소에는 억양, 속도, 숨 돌리기 등이 포함된다. 계속 일정한 음으로 설명하면 지루함을 느낀다. 따라서 중요한 부분에서 목소리의 크기나 높낮이에 적절히 변화를 주면 수업이 지루하지 않게 느껴질 뿐만 아니라 주의를 집중시킬 수 있다. 설명 속도와 숨 돌리기는 학습내용을 이해하는 데 영향을 미친다. 대부분 처음 수업을 하게 되면 긴장을 해서 빨리 말한다. 의도적으로 천천히 말하고, 중요한 내용을 강조할 때 잠깐 멈추는 것은 생각하는 순간을 갖도록 함으로써 학생들의 참여를 유도하는 데 유용하게 쓰일 수 있는 방법 중 하나이다.

비언어적인 요소에는 몸짓, 손짓, 표정 등이 있다. 몸짓이나 손짓 등과 같은 제스처 등을 잘 활용하면 중요한 내용에 학생들이 집중할 수 있도록 유도할 수 있다. 예를 들어, 학생들 쪽으로 다가가거나 이동을 하면서 수업을 하면 적당한 긴장감과 역동성을 통해 설명에도 힘이 실리고 학생들의 주의력도 높아진다.

또한 설명하는 동안 학생들과 눈을 맞추는 것은 매우 중요하다. 눈 맞춤을 통해 설명하는 것을 학생들이 제대로 이해하고 있는지 파악할 수 있기 때문이다. 가장 효과적인 눈 맞춤 방법은 한 사람당 3초 정도의 시선을 주는 것이다. 그렇게 하면 일대일 방식의 수업과 같은 분위기를 만들 수 있다. 마지막으로 설명하는 동안 손을 적절하게 활용하면 더 역동적인 느낌을 줄 수 있다.

– 효과적인 설명을 위한 원칙

① 자료를 그대로 읽지 말고 설명하자.

② 다양한 억양(소리의 고저, 강약)을 사용하자.

③ 중요한 내용을 강조할 때는 잠시 멈추고 생각할 시간을 주자.

④ 적절히 이동하면서 설명을 하자.

⑤ 학생들과 눈을 맞추자.

⑥ 손을 적절히 사용하자.

2) 질문의 원칙

질문은 학생들이 수업에 참여하도록 만들 뿐만 아니라 동기를 높여주며, 학습의 과정을 촉진하는 효과가 있다. 질문을 통해 이러한 긍정적인 효과를 얻기 위해서는 다음과 같은 원칙을 활용하는 것이 필요하다.

첫째, 질문을 하는 근본적인 목적은 학생들의 사고를 촉진하는 것이다. 이를 위해서는 가능한 확장형, 개방형 질문을 하는 것이 좋다. 확장형, 개방형 질문이란 학생들의 다양한 생각, 의견, 판단 등을 기대하는 정답이 없는 질문을 의미한다. 예를 들면, "요즘 미세먼지가 많은 관심의 대상이 되고 있는데 정부나 지방자치단체는 어떤 노력을 해야 할까요?"와 같은 질문은 다양한 가설과 해결 방안을 탐색하도록 촉진하는 확장형, 개방형 질문에 속한다. 이러한 질문을 통해 학생들의 사고 과정을 촉진하거나 선행지식 혹은 경험을 활성화시킬 수 있다.

둘째, 학습자를 방어적으로 만드는 "왜?"라는 질문은 가능한 사용하지 않는 것이 좋다. "왜?"라는 질문은 사고 과정을 드러내는 중요한 질문으로 활용할 수 있지만 벌이나 평가를 위해 하는 "왜?"라는 질문은 학생들에게 압력을 가하고, 긴장을 초래하며, 자신을 무조건 방어하려는 태도를 형성하기 때문에 가능한 하지 않는 것이 좋다.

셋째, 학생들이 편안한 마음으로 자신의 지식이나 생각, 의견을 제시하려면 질문에 대한 학생들의 반응을 존중해 주어야 한다. 이를 위해서는 우선 질문 후 학생들이 충분히 생각할 수 있도록 기다려 주고, 학생들이 질문에 대답할 때 경청하는 것이 필요하다. 연구결과[5]에 의하면, 일반적으로 교육자들은 질문한 후 학생들이 1초 안에 대답하지 않으면 질문을 반복하거나 학생을 지명한다. 이러한 대응은 학생들에게 충분한 사고의 기회를 주지 않는 것일 뿐만 아니라 학생들을 긴장하게 만드는 것이다. 따라서 교사의 질문에 학생들이 충분히 생각할 수 있도록 기다려 주는 것이 필요하다. 또한, 질문에 학생이 대답을 할 때 학생이 대답한 것을 요약하여 칠판에 적거나, 눈을 맞추거나, 고개를 끄덕이거나, 칭찬 등을 함으로써 학생의 대답을 경청하고 있음을 보여주어야 한다.

> – 효과적인 질문을 위한 원칙
>   ① 확장형. 개방형 질문을 사용하자.
>   ② 학습자를 방어적으로 만드는 질문은 하지 말자.
>   ③ 질문에 대한 학생들의 반응을 존중하자.

1 본인의 수업을 촬영하거나 '환경교육포털사이트(http://www.keep.go.kr/portal/index.act)'
  환경교육 자료실에 올라와 있는 우수 지도안 동영상 가운데 관심이 있는 수업을 선정한
  후, 본 장에서 제시하는 설명의 원칙과 관련하여 잘 하고 있는 것과 개선해야 할 점을 정
  리하시오.
  • 잘 하고 있는 것
  • 개선해야 할 점

2 수업지도안에 담을 주제를 하나 선정한 후 수업을 시작할 때 학생들을 참여시킬 수 있는
  개방형, 확장형 질문을 2개 적어 보시오.

  질문1
  질문2

추천 도서

▶ 밥 파이크(2004). 『밥 파이크의 창의적 교수법』. 김영사.
▶ 조벽(2001). 『명강의 노하우 & 노와이』. 해냄출판사.
▶ 하워드 가드너, 류숙희(역)(2015). 『The Disciplined Mind 인간은 어떻게 배우는가?』.
  사회평론.

참고문헌

1, 2. 박성익, 임철일, 이재경, 최정임(2011). 『교육방법의 교육공학적 이해』. 파주: 교육과학사.

3. Gagne', R. M., Briggs, L. J., & Wager, W. W. (1992). Principles of instructional design(4th ed.). Fort Worth, TX: Harcourt Brace jovanovich.

4. Heinich, R., Molenda, M., Russell, J., & Smaldino, S. (2002). Instructional media and technologies for learning(7th ed). Englewood Cliff, NY: Prentice Hall.

5. 이성호(1986). 『교수방법의 탐구』. 양서원.

2

[실습 I] 수업지도안 개발

수업지도안 개발

효과적으로 수업을 한다는 것은 어찌 보면 간단한 일처럼 보이지만 실천의 문제가 있기에 쉽지 않은 일이다. 많은 지식과 경험을 가지고 있는 것과 수업을 흥미 있게 잘하는 것은 별개이기 때문이다. 어떻게 하면 수업을 재미있고 효과적으로 할 수 있을까? 아마도 각자 수업 중에 적용하고 있거나 적용하려고 하는 효과적인 원칙이 하나 정도는 있을 것이다. 이런 다양한 원칙들을 수업의 시작부터 끝까지 어떻게 적용하여야 하는지 실습을 통해 알아보자.

▶ 활동1. 본인이 수업에 적용하고 있는 혹은 적용하려고 하는 효과적인 수업을 위한 전략을 적어 보자.[2]

---

(2) [활동 1]을 위한 강사 가이드: 각자 다양한 자신의 교수 경험을 적어 보도록 한 후, 각자의 경험을 팀별로 수합하도록 한다. 팀별 수합이 끝나면 팀별로 발표를 하도록 하고, 강사는 활동 내용을 수업 도입, 전개, 마무리 단계로 구분하여 판서한 후 수업의 흐름에 따라 적용할 수 있는 원칙이 다르다는 점을 요약 정리해 준다.

수업에 적용할 수 있는 원칙들은 매우 다양하다. 예컨대, 수업할 내용을 알고 있는 것이 왜 중요한지를 알려주는 것, 비유를 들어 설명하는 것, 수업에 참여시키는 것, 연습의 기회를 주는 것 등 효과적인 수업을 위해 활용하는 다양한 원칙들이 있을 것이다. 수업의 흐름에 따라 이러한 원칙들을 잘 활용한다면 효과적인 수업을 할 수 있다. 흐름이 있는 수업을 하기 위해 참고할 수 있는 많은 수업모형이 있는데, 그중 가네(Gagne)의 '수업의 사태(Events of Instruction)'는 효과적인 수업이 지녀야 하는 흐름과 주요 특성을 종합적으로 보여주고 있다. 이 장에서는 가네가 제시한 수업의 단계를 도입(시작하기), 전개(설명하기), 마무리(정리하기)로 간략하게 구분하여 다룬다.

수업 도입 부분 개발 실습 및 피드백

수업을 시작하는 단계에서 교육자는 학생들의 주의를 집중시키고, 수업을 마친 후 도달해야 할 학습목표를 제시해야 한다. 또한 본 수업과 관련하여 이전에 배운 내용을 복습해 주는 것이 필요하다.

1) 학습동기 유발을 위한 수업계획

• 주의력 환기하기

학습이 일어나기 위해서는 우선 설명하는 내용을 들어야 하며, 설명하는 내용을 듣기 위해서는 주의를 집중해야 한다. 어떻게 하면 학생들이 수업에 집중하게 할 수 있을까? 수업 자체가 재미있고 흥미롭다면 학생들은 관심을 갖고 주의를 집중한다. 학생에게 수업이 재미있고, 흥미로운 것이 되기 위해서는 학습동기가 필요하다. 동기를 유발하고 유지하기 위해서는 다음과 같은 전략을 활용할 수 있다.

첫째, 학생들을 궁금하게 만드는 것이다. 오늘 배울 내용이 무엇인지, 수업을 마친 후 무엇을 할 수 있는지를 알고 있을 때 성취동기가 생긴다.

둘째, 학습내용과 관련된 예화나 경험담을 들려주어 관심을 유도하는 것이다. 학생들의 흥미를 끌 만한 최근의 사건이나 일화를 들려준 후 이러한 사례가 학습내용과 어떠한 관련이 있으며, 왜 중요한지 설명하는 것이다.

셋째, 학습해야 할 내용과 관련된 다양한 멀티미디어 자료를 보여줌으로써 학생들의 호기심을 자극할 수 있다. 예를 들어, 기후변화에 대해 다룬다면, 해수면이 높아져 이민을 가야 하는 투발루에 대한 사진이나 빙하가 점점 빨리 녹으면서 북극에 닥친 위험을 소개한 '북극의 눈물'[3]과 같은 동영상 등 문제가 되는 장면을 보여주는 것이 동기유발에 훨씬 효과적이다.

• 학습목표 제시하기

수업을 마친 후 교육자가 최종적으로 기대하는 학생들의 역량이나 행동을 학습목표를 통해 분명히 전달하면 학생들은 성취하고자 하는 동기와 함께 이번 수업에서 다룰 내용 중 중요한 것이 무엇인지를 파악할 수 있다. 학습목표를 제시할 때는 다음과 같은 전략을 활용할 수 있다.

첫째, 행동동사를 사용하여 구체적으로 제시한다. 학습목표를 제시할 때 흔히 '다룬다' 혹은 '이해한다'라는 표현을 사용한다. 이러한 표현은 최종적으로 수업을 마쳤을 때 기대하는 학생들의 역량이나 행동이 무엇인지를 구체적으로 드러내주지 못한다. 따라서 '~을 설명할 수 있다', '~을 분석할 수

---

(3) '북극의 눈물'은 2008년 12월 7일부터 12월 28일까지 총 4회에 걸쳐 방영된 MBC TV의 다큐멘터리 텔레비전 프로그램으로 영화로도 개봉되었다.

있다', '~을 분류할 수 있다'와 같이 구체적인 학습목표를 정하면, 이러한 목표를 달성하는 데 필요한 사례, 연습문제, 평가문항 등을 적절하게 선정하거나 개발하는 데도 영향을 미칠 뿐만 아니라 학생들의 학습활동을 촉진하는 요인이 될 수 있다.

둘째, 학습목표에서 다루는 내용 중 꼭 알고 있어야 할 내용을 점검하고, 학습내용과 관련이 있는 과거의 학습 경험을 회상할 수 있는 활동을 준비한다. 예컨대, 지구를 둘러싸고 있는 대기권의 특성을 알고 있으면 오존층 파괴나 지구온난화의 원리를 이해하기 수월하다. 따라서 학습목표를 제시할 때 교육자는 이번에 다루는 내용과 관련하여 필요한 내용을 학생들이 알고 있는지 확인해야 한다. 또한, 이번 수업에서 다룰 내용과 관련이 있는 과거의 경험을 회상할 수 있는 활동을 제시하면, 학생들이 이미 알고 있는 것과 새로운 내용을 연결시키며 좀 더 효과적으로 학습할 수 있다.

▶ 활동2. 수업지도안의 청사진 개발을 위해 학습주제와 대상자를 선정하고, 학습목표를 기술해 보자. 또한, 위에 제시한 전략을 활용하여 수업의 도입 부분을 계획해 보자.[4]

○ 학습주제: _____

○ 학습대상자: _____

---

(4) [활동 2]를 위한 강사 가이드 : 팀별로 수업지도안의 청사진을 개발하기 위해서는 수업 전 학습자들이 개발하고자 하는 수업을 정해 이에 필요한 자료를 각자 가지고 올 수 있도록 하는 것이 좋다. 만약, 사전 공지가 어렵다면, '사회 환경교육'과 관련된 기초 수업 자료를 강사가 미리 준비해야 한다. 팀 활동을 마친 후에는 팀별로 개발한 수업 도입을 위해 개발한 지도안을 수업의 주제와 목표, 도입을 위한 전략 위주로 발표하도록 하며, 발표를 마친 후에는 강사가 평가표를 활용해 도입에 필요한 전략이 지도안에 잘 반영되었는지 피드백을 제시한다.

○ 학습목표:

1. _____

2. _____

3. _____

○ 도입 부분을 위한 수업전략:

수업의 단계	수업전략	시간

[활동2에 대한 평가] 교육자는 아래의 평가표를 활용하여 학습자 활동을 평가한 후 피드백을 제시한다.

하	중	상
• 해당 차시에 다룰 주요 내용이 학습목표에 포함되어 있지 않으며, 행동동사를 사용하여 학습목표를 기술하지 않았음 • 동기유발을 위한 질문이나 사례, 자료 등이 포함되어 있지 않음	• 해당 차시에 다룰 주요 내용이 학습목표에 포함되어 있지 않았거나, 행동동사를 사용하여 학습목표를 기술하지 않았음 • 동기유발을 위한 질문이나 사례, 자료 등이 일부 포함되어 있으나 학습목표와의 관련성이 다소 적음	• 해당 차시에 다룰 주요 내용이 학습목표에 포함되어 있으며, 행동동사를 사용하여 학습목표를 기술하였음 • 동기유발을 위한 적절한 질문이나 사례, 자료 등이 포함되어 있음

수업 전개부분 개발 실습 및 피드백

본격적인 수업이 시작되면 교육자는 교수매체와 수업자료를 활용하여 수업 내용을 설명해야 한다. 이때 학습내용을 효과적으로 전달하기 위해서는 언어적·비언어적 전략 학습내용의 유형에 따른 설명전략 등을 활용하여 순차적으로 학습내용을 설명하는 것이 필요하다.

1) 학습내용을 효과적으로 전달하기 위한 설명 전략

- 설명의 순서 정하기

학생들이 좀 더 쉽게 학습목표에 도달할 수 있도록 하려면 설명할 내용의 순서를 정해두는 것이 좋다. 효과적인 설명을 위해서는 일반적으로 쉬운 것에서 어려운 것으로, 단순한 것에서 복잡한 것으로, 대표적인 것에서 덜 대표적인 것으로, 구체적인 것에서 추상적인 것으로, 절차 혹은 작업의 순서대로 설명해야 한다. 이를 위해서는 학습내용을 분석하여 위계화하는 것이 필요하다.

- 내용에 따라 상이한 설명 전략 활용하기

학습내용의 유형에 따라 효과적인 설명방식은 달라질 수 있다. 즉, 가르치는 내용이 개념인지, 사실인지, 원리인지에 따라 교수 전략이 달라져야 한다는 것이다.[1] 학습내용을 유형화하는 방식은 학자마다 다르지만 이 장에서는 롸이겔루스가 제안한 정보의 기억, 관계의 이해, 기능의 적용, 고차적 사고 기능 중 교수-학습 상황에서 가장 많이 다루는 정보의 기억과 기능의 적용(기능의 적용에는 개념, 절차, 원리의 적용이 포함된다)에 속하는 개념의 적용을 위한 효과적인 설명 전략을 소개하였다.[2]

- 정보의 기억 과제를 효과적으로 설명하는 전략

정보의 기억이란 나라별 수도의 이름을 외우는 것과 같이 사실 그 자체를 기억하는 학습내용을 일컫는다. 가르쳐야 할 내용이 기억과제일 경우에는 기억술을 활용하는 것이 효과적이며, 기억해야 할 정보가 많은 경우에는 단기기억의 용량을 고려하여 5~7개의 항목으로 구분하여 제시하는 것이 효과적이다. 설명 시 활용할 수 있는 기억술로는 첫 글자를 합성하여 단어나 구, 절을 만드는 방법, 이미지와 연상하여 기억하도록 하는 방법, 노래를 활용하는 방법이 있다.

- 개념의 적용 과제를 효과적으로 설명하는 전략

개념이란 특정한 사물, 사건, 상징의 공통된 속성을 추상화하여 종합해 놓은 지식을 의미한다. 개념 적용 과제를 잘 가르치기 위해서는 우선 학생들이 해당 개념의 전형을 형성하도록 해야 한다. 이를 위해 교사는 해당 개념에 속하는 전형적인 실제 예를 제시함으로써 전형을 형성하도록 도와야 한다. 전형을 형성한 후에는 해당 개념에 속하는 다양한 예들이 공통적으로 지니고 있는 결정적인 특성이 무엇인지를 설명해야 한다. 이 과정을 통해 학생들은 개념에 속하는 것과 속하지 않는 것을 구분할 수 있게 된다. 이때 결정적 특성이란 해당 개념과 다른 개념을 구별하는 데 활용할 수 있는 유용한 특성을 의미한다.

학생들이 결정적인 특성을 획득하도록 돕는 방법은 ① 교사가 설명하거나, ② 개념에 해당하는 사례(example)와 해당하지 않는 사례(matched non-example)를 제시함으로써 학생들이 파악할 수 있도록 하는 두 가지 방식 중 하나를 선택할 수 있다. 결정적인 특성을 확인한 후에는 학생들이 상이한 사례들이 어떻게 한 개념의 예에 속할 수 있는지를 학습할 수 있도록 해야 한다.

이를 위해서는 무시해도 좋은 특성이 무엇인지 설명하는 것이 좋다.

▶ 활동3. 주요 학습내용을 두 개 정도 선정한 후 해당 학습내용이 어떠한 학습 유형에 속하는지 분류해 보자. 그 후 해당 유형에 적합한 교수전략을 개발해 보자.[5]

○ 주요 학습내용 및 내용의 유형:

1. _____

2. _____

○ 학습 유형별 교수전략:

1. _____

2. _____

3. _____

---

(5) [활동 3]은 [활동 2]와 연속선상에 있는 활동이다. [활동 2]에서 제시한 학습목표와 관련된 학습내용(수업할 내용)을 정하도록 한다. 그 후 해당 학습내용이 정보의 기억 혹은 기능(개념, 절차, 원리)의 적용, 관계의 이해(개념의 이해, 원리의 이해), 고차적 사고 기능(창의성, 문제 해결) 중 어디에 해당하는지 표시하도록 한다. 학습 유형별 교수전략을 개발할 때에는 가능한 정보의 기억 혹은 기능의 적용에 해당하는 학습내용에 대한 교수전략을 팀별로 개발하도록 한다. 이때 아이디어 수준에서 팀 내에서 다양한 논의가 진행될 수 있도록 한다. 발표를 위해서는 여러 학습내용 중 팀에서 가장 효과적인 전략이라고 판단되는 한 개의 과제를 발전시켜 실제 수업처럼 발표하도록 한다. 발표 후에는 강사가 [활동 3에 대한 평가]에 제시한 평가표를 활용하여 팀별로 피드백을 제시한다.

○ 전개 부분을 위한 수업전략:

수업의 단계	수업전략	시간

[활동 3에 대한 평가] 교사는 아래의 평가표를 활용하여 학습자 활동을 평가한 후 피드백을 제시한다.

하	중	상
• 학습할 주요 내용의 분석 및 학습 내용의 유형 구분에 오류가 있음 • 학습 내용의 유형에 따른 적절한 설명 전략이 반영되어 있지 않음	• 학습할 주요 내용의 분석이나 학습 내용의 유형 구분에 부분적으로 오류가 있음 • 학습 내용의 유형에 따른 적절한 설명 전략 중 일부만 반영되어 있음	• 학습할 주요 내용의 분석 및 학습 내용의 유형 구분이 잘 되어 있음 • 학습 내용의 유형에 따른 적절한 설명 전략이 잘 반영되어 있음

수업 마무리 부분 개발 실습 및 피드백

수업 후반부에 강의내용을 요약하고 연습의 기회를 제공하는 것은 매우 중요함에도 잘 지켜지지 않는다. 학생 수도 많고, 시간상의 제약도 있기 때문이다. 그러나 설명의 시간을 줄이더라도 해당 수업에서 학생들이 배운 지식을 요약하거나 직접 적용할 수 있는 기회를 주고, 피드백을 제시하는 것은 매우 중요하다.

1) 연습기회의 제공

수업을 통해 학습한 내용을 학생들이 실제 상황이나 유사한 상황에서 적용시킬 수 있도록 연습의 기회를 제공한다. 중요한 개념이나 일반적인 원리, 새로 학습한 운동능력 등은 몇 번의 반복만으로는 숙달되지 않는다. 따라서 학습한 내용을 새롭고 다양한 상황에 직접 적용시켜보는 연습의 기회를 제공하는 것이 중요하다. 연습은 학습한 것을 더욱 분명하게 이해할 수 있도록 하며 오랫동안 기억할 수 있도록 해 준다. 제시되는 연습과제는 반드시 학습 목표의 도달 여부를 확인할 수 있는 것이어야 한다. 연습과제를 마친 후에는 피드백과 함께 칭찬과 격려가 제공되어야 한다.

2) 학습내용 요약 및 다음 차시 안내 전략

수업의 마지막 단계에서는 학습한 내용을 살펴보면서 중요한 사항을 정리하고 종합해 준다. 또한 수업시간에 충분히 다루지 못했던 내용이나 학생들이 더 알고 싶어 하는 주제에 대해서는 보충자료나 참고할 만한 자료를 소개함으로써 학생들이 스스로 심화할 수 있는 기회를 제공해야 한다. 또한, 다음 시간에 다룰 내용과 이번 시간에 배운 것이 어떠한 관계가 있는지를 제시함으로써 학습의 계열성을 유지하고, 다음 수업에 대한 기대감도 형성시킬 수 있다.

▶ 활동4. 학습목표의 도달 여부를 확인할 수 있는 연습과제를 개발해 보자.[6]

O 마무리 부분을 위한 수업전략:

수업의 단계	수업전략	시간

[활동 4에 대한 평가] 교사는 아래의 평가표를 활용하여 학습자 활동을 평가한 후 피드백을 제시한다.

하	중	상
• 제시된 연습과제와 학습목표와의 관련성이 미흡함	• 제시된 연습과제가 학습내용 중 일부와 관련성이 있지만 학습목표의 도달 여부를 확인하기에는 미흡함	• 제시된 연습과제가 학습목표의 도달 여부를 확인할 수 있도록 적절하게 제시되었음

---

(6) [활동 4]도 [활동 2]와 연속선상에 있는 활동이다. [활동 2]에서 제시한 학습목표와 관련하여 수업 후 학생들이 학습목표에 도달했는지의 여부를 확인할 수 있는 연습과제(문제)를 개발하도록 한다. 이때 강사는 각 팀별로 학습목표 확인을 위한 연습문제 개발의 의미를 잘 이해하고 있는지 팀별 활동을 모니터링하면서 [활동 4에 대한 평가]에 제시한 평가표를 활용하여 피드백을 제시한다.

교육실천가를 위한 사회환경교육론 2

참고문헌

1. 임철일(2012). 『교수설계이론과 모형(2판)』. 파주: 교육과학사.
2. Reigeluth, C. M. (Ed.)(1983). Instructional design theories and models: An overview of their current status. NJ: Lawrence Erlbaum Pub.

3

[실습Ⅱ] 교수 실행

질문 전략 적용 실습 및 피드백

실제 수업을 할 때 중요한 것은 학생들이 이해할 수 있도록 상호작용적, 시가저, 참여적 설명을 히는 것이다. 특히 힉생들에게 직질히 질문을 하면서 설명하는 것이 중요하다. 학생들에게 제시되는 질문은 평소에 학생들의 대답을 교육자가 어떻게 대하느냐에 따라 달라진다. 기본적으로 학생들의 의견을 존중하는 태도를 보여야 하는데, 이를 위해서는 눈 맞춤, 적극적 경청, 칠판에 요약하기, 긍정적 칭찬 등의 전략을 활용할 수 있다.

1) 질문하기

질문은 적절한 시점에 적절한 형태로 해야 한다. 즉흥적으로 교육자가 질문하고 학생들로부터 원하는 대답이 바로 나오지 않는다고 해서 교사 자신이 답을 하는 것은 바람직하지 않다. 교육자가 질문하고 답하는 행위가 계속되면 학생들은 교육자의 질문을 세심하게 들으려고 하지 않는다. 단순히 암기한 것을 묻거나 정답이 뻔한 질문은 수업을 지루하게 만들고, 너무 어려운 질문은 학생들을 포기하게 만든다. 모든 질문은 의도적이어야 하며, 이를 위해 교육자는 목적에 맞는 질문을 준비해야 한다.

- 질문 전략 적용하기

교육자들은 수업활동 중에 다양한 목적을 가지고 학생들에게 질문을 한다. 학생들 역시 교과의 중요한 내용에 대하여 질문과 대답을 통해 교육자와 언어적인 상호작용을 하게 된다. 교과내용에 관한 언어적 상호작용이 많으면 많을수록 학습자들은 수업에 더 적극적으로 참여하게 되고, 결과적으로 더 높은 성취 정도를 보이게 된다.

일반적으로 교육자의 질문은 ① 학생들과의 의사소통을 촉진시키고, ② 중요한 수업 내용에 학생들의 주의를 집중시켜 주며, ③ 수업의 핵심적 내용을 복습할 수 있도록 하고, ④ 수업내용에 대한 학생들의 이해 정도를 파악하거나 학생들의 사고활동을 자극하는 데 활용되며, ⑤ 때로는 특정 학습자의 수업 중 바람직하지 못한 사회적 행동을 통제하기 위해 활용되기도 한다.

교육자는 학습자의 학습을 증진시키고, 높은 학습 성취를 유도하며, 교과내용의 핵심적인 것을 학습자들에게 제공할 수 있는 방향으로 질문 기법을 활용해야 하는데, 이때 다음과 같은 사항들을 고려해야 한다.

첫째, 수업의 특성 및 수업목표에 따라 다양한 수준의 질문을 사용해야 한다. 교육자는 사전에 계획된 수업목표를 포괄적으로 포함하는 다양한 수준의 질문을 균형 있게 함으로써 학생들의 사고활동을 촉진시켜야 한다. 또한, 질문의 내용과 초점은 수업목표에서 진술된 내용과 직접적으로 관련성이 있어야 한다.

둘째, 학생들의 지식, 경험, 능력 수준에 부합되는 질문을 해야 한다. 학생들은 질문에 답하기 위해 필요한 지식과 이해를 갖추고 있지 못하거나, 질문의 내용이 자신의 경험과 부합되지 않을 때 당황한다. 따라서 질문의 내용은 학습자들이 이미 이해하고 있는 교과내용에 초점을 맞추고 그 내용을 보충, 심화할 수 있는 것이어야 한다.

셋째, 한 번의 질문에 하나의 구체적이고 간단한 요점을 묻거나, 한 번에 한 가지 질문을 해야 한다. 학생들은 구체적이고 간단한 답을 필요로 하는 질문에 반응하는 과정을 통해 많은 것을 학습한다. 또한, 동시에 여러 개의 질문을 한다면 학습자들은 당황할 수도 있으므로 사고 수준에 따라 계열을 정하여 순차적으로 질문하는 것이 바람직하다.

넷째, 질문할 내용들을 논리적인 순서에 따라 조직함으로써 수업내용에 대한 학생들의 이해를 촉진시킬 수 있어야 한다. 일반적으로 질문의 내용을 쉬운 것부터 어려운 것의 순서로 배열한다든가, 구체적인 수업목표 성취에 적절한 순서로 한다든가, 발문의 유형을 낮은 수준에서 높은 수준으로 높여 나감으로써 학생들이 자신감을 가지고 교육자의 질문에 응답할 수 있도록 질문 내용을 세심하게 계열화해야 한다.

다섯째, 교육자는 질문 후에 질문의 내용과 학습활동의 목적에 따라 학생들이 대답하는 데 필요한 적절한 시간과 단서 등을 제공해야 한다. 교육자의 질문에 대해 생각할 시간이 충분히 부여된 학생들은 더 나은 대답을 할 수 있고, 학습과제에 더 능동적으로 참여하게 되므로 교육자는 교과내용의 난이도, 질문의 내용과 유형 등에 따라 대답을 기다리는 시간을 적절하게 조절해야 한다.

여섯째, 학생의 대답과 관련하여 교육자는 비판적이기보다는 수용적이고 긍정적인 반응을 보여야 한다. 교육자의 질문에 대해 학생들이 아주 정확하게 대답할 수도 있지만 다소 머뭇거리며 부분적으로 틀린 답을 하거나, 아니면 아주 틀린 답을 할 수도 있고 전혀 답을 하지 못하는 등 다양한 형태의 반응을 보이게 된다. 이때, 교육자의 반응은 학생들의 수업목표 성취에 직접적인 영향을 미칠 수 있다. 따라서 교육자는 학생들의 대답에 관대하고 수용적인 태도로 대답에 필요한 정보를 제공하는 추가적인 질문을 한다든가, 다시 한번 반복해서 질문하여 학생들이 당황하지 않게 지원과 격려를 해주어야 한다.

- 효과적인 질문을 위한 원칙

  ① 확장형, 개방형 질문을 사용하자.

  ② 학습자를 방어적으로 만드는 질문은 하지 말자.

  ③ 질문에 대한 학생들의 반응을 존중하자.

- 효과적인 질문을 활용하기 위한 추가 전략

  ∨ 수업시간에 개념을 먼저 설명하고 그 개념을 응용하는 문제를 풀어보게 하는 대신 순서를 바꾸어서 학생들에게 의미 있고 흥미를 끌 수 있는 문제를 미리 제시한다. 그 문제를 해결하는 과정에서 새로운 개념이 필요함을 인식하게 되고, 그 문제를 해결하고자 하는 탐구 의욕이 문제를 풀기 위한 개념을 배우도록 할 수 있다.

  ∨ 문제를 잘 해결하기 위해서는 사고의 유연성, 창의성, 기지, 민감성 등과 같은 성향을 갖추어야 하는데 이는 '왜?' 혹은 '어떻게?'라는 질문을 통해 길러질 수 있다.

- 피드백

피드백이란 교육자가 학생에게 학습활동의 결과나 반응의 적절성에 대해 전달하는 반응이나 정보를 의미한다. 예를 들어, 학생들이 작성한 생태지도의 장단점을 설명하거나 동식물을 관찰하면서 자연을 훼손할 경우 주의사항을 알려주는 것이 교육자의 피드백 활동에 해당된다.

학습의 개선을 목적으로 교육자로부터 학생에게 주어지는 피드백은 학생의 반응에 대한 바른 정보를 제공해 주기 위한 것이다. 또한, 교육자와 학생 간의 언어적 또는 비언어적 형태를 포함하는 의사소통 수단이라 할 수 있다. 피드백은 수업 과정에서 절대적으로 중요한 역할을 한다. 수업활동 중 교육자가 제공하는 피드백은 그 유형과 질에 따라 교수 효과성에 직접적인 영향을 미치게 된다. 효과적인 피드백을 위해서는 아래에 제시된 전략을 활용할 수 있다.

첫째, 가르칠 내용에 대해 사전에 철저하게 분석하고 학생들의 사전 지식 정도를 진단해야 한다. 교육자는 학생들이 겪고 있는 문제의 근원을 정확하게 이해하고 있어야만 학습상의 오류나 곤란을 극복할 수 있는 적절한 피드백을 제공할 수 있다.

둘째, 개개인의 요구와 능력에 맞게 나양한 유형의 피드백을 제공해야 한다. 왜냐하면, 피드백은 학생 개개인의 요구와 능력에 부합될 때에만 효과적이기 때문이다. 예를 들면, 학습과제를 자율적으로 해결할 수 있는 능력이 있는 학생에게는 오류 부분을 단순히 암시해 주는 것만으로도 그들 스스로 충분히 문제를 해결해 나갈 수 있다. 반면 그렇지 않은 학생들에게는 정확하고도 구체적인 피드백이 필요하다.

셋째, 학습활동의 결과에 대해서 정확한 피드백을 주어야 한다. 일반적으로 학생들은 애매하고 모호한 형태의 피드백보다는 명료하고 분명한 언어적인 형태로 표현된 피드백에 대해 효과적으로 반응한다. 부정확한 피드백은 오히려 학습자들의 혼란을 초래할 뿐만 아니라, 의도한 학습 목표를 성취하는 데 결코 도움이 되지 못한다. 따라서 교육자는 학생들이 어려움을 겪고 있는 구체적인 부분에 관하여 명료하고 정확한 피드백을 제공하여 학생들이 스스로 당면한 문제를 해결해 나갈 수 있도록 해야 한다.

넷째, 즉각적으로 피드백을 제공해 주어야 한다. 피드백 제공 시기는 학습 효과에 직접적으로 영향을 미치는 요인으로 알려져 있다. 일반적으로 피드백은 학생들이 반응한 직후에 제공되는 것이 바람직하다. 학습과제가 복잡하거나 새로운 내용을 학습하는 초기 단계에서는 피드백을 자주 제공하여 학생들의 성취 정도를 수시로 점검함으로써 학습 오류를 가능한 한 신속하게 발견하여 적절한 교정 학습 기회를 마련해 주어야 한다.

다섯째, 개별적 피드백과 집단적 피드백을 상황에 따라 적절하게 활용해야 한다. 집단적 피드백을 통해서도 학생들은 많은 것을 학습할 수 있다. 하지만 다른 학생들에게 방해가 되지 않는다면 학생의 요구와 능력 수준을 고려한 개별적인 피드백이 더 효과적이다. 따라서 수업의 형태가 자율적인 학습활동이나 소집단 학습활동으로 전개될 때는 개별적 피드백을 효과적으로 사용할 수 있으며, 수업의 형태가 교육자 중심의 집단 수업일 경우에는 다른 학생들이 수업에 대한 주의집중을 흐트러뜨리지 않는 범위 내에서 가능한 한 짧고 간단하게 개별적인 피드백을 제공해야 한다. 그러나 학생들이 공통적인 어려움을 겪고 있는 상황에서는 집단적 피드백이 더 효과적이다.

여섯째, 비언어적 표현 방법을 적절하게 사용해야 한다. 언어적인 피드백과 함께 교육자의 얼굴 표정, 몸동작 등과 같은 비언어적 표현을 하면 피드백의 효과는 더욱 극대화될 수 있다.

2) 청취하기

청취하기는 학생의 의견에 대한 존중의 표시이다. 학생이 질문에 대답하거나 질문을 하는 경우 교육자가 할 수 있는 효과적인 대응이 바로 청취하기이다.

• 청취 전략 적용하기

교육자는 전통적으로 설명하는 역할을 해왔으며, 청취하기는 주로 학생들의 몫이었다. 따라서 교육자가 효과적으로 청취하기 위해서는 역할 변화에 대한 인식과 함께 다음과 같은 몇 가지 원칙에 대한 이해와 실천이 필요하다.

첫째, 학생이 대답하거나 질문하는 동안 교육자는 눈 맞춤을 유지한다. 눈을 맞춘다는 것은 상대의 의견을 존중하고 있다는 메시지와 같다.

둘째, 말하는 학생 쪽을 향해 몸의 방향을 돌린다. 상대방이 말할 때 물러서듯이 듣는 자세는 학생으로 하여금 내가 하는 말을 듣고 싶지 않다는 인상을 줄 수 있다. 말하는 학생 쪽으로 몸을 향하고 있으면 적극적인 청취의사를 보여줄 수 있다.

셋째, 학생의 대답에 긍정의 표현을 한다. 학생이 대답하는 동안 혹은 대답을 다 듣고 난 후에는 간단한 실문을 함으로써 불분명한 것을 확인한다. 이 과정은 학생들의 대답을 더 존중하는 태도로 비칠 수 있다. 또한, 대답하는 동안 고개를 끄덕이거나 대답한 후 학생이 한 말을 칠판에 재진술하여 다른 학생들도 함께 볼 수 있도록 하면 나머지 학생도 의사소통에서 소외되지 않고 참여할 수 있다.

수업 시연 및 피드백

수업 시연 시 의사소통 기술이 중요하다. 의사소통 기술에는 적절한 목소리, 불필요한 표현을 피하는 것, 학생의 이름을 부르는 것, 전환을 부드럽게 하는 것, 칭찬을 하는 것 등이 있다. 눈 맞춤, 표정, 몸짓, 적절한 공간 활용과 같은 비언어적 의사소통 기술 또한 중요하다. 마지막으로 자신의 수업을 스스로가 객관적인 관점에서 돌아보는 것은 강의 개선을 위한 좋은 기회가 될 수 있다.

1) 수업행동분석 평가표

가르치는 기술은 단순히 연습만으로는 개선되지 않는다. 교수자로서의 전문성은 연습(practice)과 피드백 (feedback), 수정(revision)을 복합적으로 적용하여 개선해 나갈 때 확보될 수 있다. 자신의 강의를 녹화하거나 동료 교사로부터 평가하도록 하는 것은 강의 기술을 개선하고, 질을 향상시킬 수 있는 중요한 방법이다.

- 수업행동분석 평가표 작성하기

수업행동분석 평가표는 크게 교수전략과 의사소통 역량으로 구분하였다. 교수전략에는 도입 부분에 주의집중, 학습목표, 선수지식 확인 전략이 포함되어 있는지, 전개 부분에 설명하기 단계의 원칙들이 잘 지켜지고 있는지와 함께 학습자를 참여시키는지, 마무리 단계에서 효과적인 끝맺음을 하고 있는지를 평가하도록 하였다. 또한 수업 시연 시 필요한 언어적, 비언어적 의사소통 기술과 함께 매체 활용 및 질문 활용 전략을 평가하도록 하였다. 수업을 평가하기 위해서는 평가 전 해당 항목이 의미하는 바를 잘 이해할 필요가 있다.

- 수업 시연하기

수업을 시연하고 시연한 결과에 대한 피드백을 제시하기 위해서는 학생들이 사전에 10분짜리 수업을 개발해오도록 하는 것이 필요하다. 상황이 여의치 않다면 교사가 해당 영역의 다양한 지도안을 미리 준비하여 나누어 주거나, 팀별로 개발한 지도안을 활용하도록 할 수 있다. 본격적으로 수업을 시연하기 전에 각자가 준비한 수업을 5분간 연습하도록 한다. 연습 시에는 자리에 앉아서 연습하기보다는 강의실의 각 벽면을 활용하여 벽을 마주 보고 서서 연습하도록 한다. 수업 시연을 위한 시간을 개인별로 10분 정도 주고 제시한 시간 내에 수업의 단계인 시작-설명-요약이 모두 포함될 수 있도록 한다. 또한 가능하다면 시연 장면을 모두 녹화해 두었다가 자신이 수업한 모습을 담은 영상과 함께 피드백을 해주는 것이 좋다.

수업행동분석 평가표

발표자: _____

	평가문항		매우 부족	부족	보통	우수	매우 우수
			1	2	3	4	5
교수전략	초기 주의집중	도입 시 학습자의 주의를 집중시키는가?					
		학습자가 흥미를 갖도록 강의를 시작하는가?					
	학습목표제시	학습목표를 분명하게 제시하는가?					
	선수지식 확인(필요시)	관련 분야의 경험 혹은 업무 등의 내용을 상기시키도록 도와주고 있는가?					
	설명방식	수업의 내용이 논리적 계열성을 확보하고 있는가?					
		학습내용 이해를 위해 적절한 자료가 제시되고 있는가?					
		중요한 내용이 명확히 강조되고 있는가?					
	학습자 참여 유도	학습자의 참여를 유발하고 있는가?					
		학습자에게 던지는 질문은 학습자의 사고를 자극하고 있는가?					
		학습자에게 학습내용 적용(연습) 기회를 제공하고 있는가?					
	마무리	학습내용 요약이 적절히 이루어지고 있는가?					
		학습내용을 강조하기 위한 효과적인 끝맺음을 하고 있는가?					

의사소통역량	언어적 의사소통 기술	목소리 크기가 적절한가?				
		말하는 속도가 적절한가?				
		발음이 명확한가?				
		목소리의 억양, 어조 등에 변화가 있는가?				
	비언어적 의사소통 기술	제스처가 적절한가?				
		설명 시 적절하게 움직이는가?				
		청중에게 시선은 골고루 주고 있는가?				
	매체의 활용	매체의 선택 및 자료 제시가 강의 내용과 조화되는가?				
		자료의 글씨나 그림은 학습자가 읽거나 볼 수 있는 정도로 크기가 알맞은가?				
		칠판 등 다른 매체를 통합적으로 사용하고 있는가?				
	청중과의 상호 소통 질문법	강의 중에 청중의 반응을 살피고 있는가?				
		적절한 질문을 통하여 학습자의 상호작용을 자극하는가?				
		질문과 학습자의 반응에 대해서 적극적으로 대처하고 있는가?				

기타 의견:

_____

_____

_____

_____

_____

2) 동료 피드백

• 평가표 작성하기

동료가 수업 시연을 하는 동안 나머지 학생들은 수업을 들으면서 수업행동분석 평가표를 작성하도록 한다. 수업이 끝나면 2분 정도 추가로 수업행동분석 평가표를 작성할 수 있는 시간을 준다.

• 평가결과 공유하기

평가가 끝나면 평가결과를 교육자가 개인별로 수합해 두고, 쉬는 시간을 활용하여 평가 결과 중 공통의견을 정리해 둔다.

3) 교수자 피드백

- 평가표 작성하기

시연하는 동안 교수자도 수업행동분석 평가표를 작성한다. 작성 시에는 체크리스트와 함께 피드백해 줄 부분의 시간(강의시연 시점)과 내용을 간략하게 메모해 둔다.

- 평가결과 공유하기

피드백 결과를 공유할 때는 해당 부분을 영상으로 짧게 보여주면서 잘한 점과 개선할 점을 명확하게 전달해야 한다. 교수자가 평가한 내용을 전달한 후에는 동료 평가 결과를 주요 내용(공통의견)을 중심으로 전달한다.

환경교육공학 이해

1 수업계획이란 교육자가 수업을 효과적으로 진행하기 위해 어떤 내용을, 어떻게 가르치고, 평가할 것인가에 대해 구체적으로 계획하고 준비하는 활동이다. 수업계획은 흔히 지도안의 형태로 개발한다. 수업지도안을 개발하는 활동에는 수업 목표 확인, 수업내용 및 대상 파악, 교수법 계획, 매체 선정, 시간 계획, 평가 계획 등의 여러 가지 활동이 포함된다.

2 효과적인 수업지도안을 개발하기 위해서는 학습이 일어나는 과정에 대한 이해가 필요하다. 정보처리이론에서는 학습을 인지 과정의 변화로 본다. 일련의 수업에서 학습이 일어나기 위해서는 우선 학습자가 새로운 정보에 주의를 집중해야 하며, 지속적으로 중요한 정보를 처리하기 위해서는 동기화가 필요하다. 동기화된 후에는 중요한 내용만 선택적으로 단기기억에 저장되며, 단기기억을 거친 정보는 의미적 부호화의 과정을 통해 장기기억에 저장된다.

3 학습과정을 촉진하기 위해 교육자는 적절한 활동을 제공해야 한다. 효과적인 학습을 위한 수업 활동 계획의 원칙으로는 1) 학습할 내용에 대해 흥미를 가질 수 있는 도입활동을 준비하는 것, 2) 학습목표를 명확하게 제시하는 것, 3) 지난 시간에 배운 내용을 복습하는 것, 4) 학습할 내용의 유형에 따라 적절한 교수전략을 활용하는 것, 5) 추가 사례, 맥락 정보, 멀티미디어 자료 등을 활용하는 것, 6) 연습과제를 준비하는 것, 7) 핵심 내용을 요약해서 제시하는 것이 있다.

4 교수매체란 교육자와 학생 사이의 의사소통 채널로서 수업내용을 전달하는 데 사용하는 도구이다. 교수 매체를 선정할 때는 학습자와 수업을 해야 할 환경, 매체의 속성에 대한 고려가 필요하다. 또한, 수업의 목표나 내용이 인지적인 영역인 경우에는 그림이나 슬라

이드가, 태도와 같은 정의적인 영역인 경우에는 TV나 멀티미디어 등과 같은 시청각 매체가 더 효과적이다.

5 교수매체를 선택하고 활용하는 단계에서 가장 중요한 것은 이러한 매체가 학생들의 이해를 돕고, 동기를 유발하며, 효과적인 학습에 기여할 수 있어야 한다는 점이다. 이를 위해서는 처음부터 동기, 내용, 연습, 피드백과 같은 학습의 요소가 포함되어야 한다.

6 교육자가 학습내용을 학생들에게 설명하는 것의 효과성은 교육자의 의사소통 능력에 좌우된다. 준비한 내용을 잘 전달하는 데 영향을 미치는 요소는 억양, 속도, 숨 돌리기 등과 같은 언어적 요소와 몸짓, 손짓, 표정 등과 같은 비언어적 요소로 구분할 수 있다.

7 질문은 학생들이 수업에 참여하도록 만들 뿐만 아니라 동기를 높여주며, 학습의 과정을 촉진하는 효과가 있다. 효과적으로 질문을 활용하기 위해서는 가능한 확장형, 개방형 질문을 하고, 학습자를 방어적으로 만드는 질문은 피하는 것이 좋다. 또한, 질문에 대한 학생들의 반응을 존중해 줌으로써 편안한 마음으로 자신의 지식이나 생각, 의견을 제시할 수 있도록 해야 한다.

03

체험환경교육

■ **교과목 개요**

• 체험환경교육은 자연환경 및 생활환경의 직접적인 체험을 통해 인간과 환경의 관계를 더 깊이 인식하고 지속가능한 사회를 위해 실천하도록 하는 데 있다.

• 이를 위해 체험환경교육의 가치와 의의, 배경과 역사, 원리와 효과, 유형과 방법 등의 이론수업과 체험환경교육 프로그램의 참관과 모니터링, 프로그램의 기획과 시연, 평가의 실습수업을 통해 사회환경교육지도사의 역량을 기른다.

■ **교육목표**

• 체험환경교육의 가치와 중요성을 이해한다.

• 체험환경교육의 사례와 프로그램을 통해 이해를 심화한다.

• 체험환경교육현장에서 활용이 가능한 프로그램을 기획, 실행, 평가하는 방법을 습득한다.

■ **교육내용**

1. 체험환경 교육의 이해	〈핵심개념〉 • 체험, 체험환경교육, 프로그램 〈세부목표〉 • 체험환경교육의 가치와 중요성을 이해한다. • 체험환경교육의 역할과 효과 등을 이해한다.
2. [실습Ⅰ] 체험환 경교육 동향과 유형 이해	〈핵심개념〉 • 체험환경교육 동향과 유형의 이해(실습) 〈세부목표〉 • 체험환경교육을 동향과 실제 사례를 통해 이해한다. • 체험환경교육의 현황과 프로그램의 분석을 통해 체험환경교육 방법 등을 습득한다.

3. [실습Ⅱ] 체험환
경교육의 참관
– 모니터링
	〈핵심개념〉
	• 체험환경교육의 참관 실습 : 모니터링과 평가
	〈세부목표〉
	• 체험환경교육 현장의 참관 실습을 통해 프로그램 운영의 실제를 알아
	  본다.
	• 체험환경교육의 참관실습을 통해 프로그램의 기획, 운영, 평가의 과정
	  을 습득한다.

4. [실습Ⅲ] 체험환경교육의 참관 – 벤치마킹	〈핵심개념〉 • 체험환경교육의 참관 실습 : 벤치마킹 실습 〈세부목표〉 • 체험환경교육 현장의 벤치마킹 실습을 통해 프로그램의 특성을 구체적으로 알아본다. • 체험환경교육의 벤치마킹 실습을 통해 프로그램의 개발방향과 운영 기술 등을 습득한다.
5. [실습Ⅳ] 체험환경교육 프로그램 기획	〈핵심개념〉 • 체험환경교육 프로그램 기획 실습 〈세부목표〉 • 체험환경교육 프로그램의 개발 방법을 이해한다. 체험환경교육 운영을 위한 계획을 수립하는 과정과 방법을 익혀서 프로그램을 기획해 본다. • 체험환경교육 프로그램 전 과정에 대한 실습을 통해 프로그램의 기획, 운영, 평가의 전 과정을 습득한다.
6. [실습Ⅴ] 체험환경교육 프로그램 운영	〈핵심개념〉 • 체험환경교육 프로그램 운영 실습 : 발표 및 시연 〈세부목표〉 • 실습을 통해 기획된 체험환경교육 프로그램을 실행해 보고, 프로그램 운영 역량의 계발과 검증을 위해 시연, 발표해 본다. • 체험환경교육 프로그램 전 과정에 대한 실습을 통해 프로그램의 기획, 운영, 평가의 전 과정을 심화 습득한다.
7. [실습Ⅵ] 체험환경교육 프로그램 평가	〈핵심개념〉 • 체험환경교육 프로그램의 평가 피드백 실습 : 평가 총평 〈세부목표〉 • 기획과 실행(운영), 시연 과정에 대한 다면적인 평가와 분석을 시도해 보고, 프로그램의 기획을 피드백한다. 프로그램에 대한 평가와 발전방안을 습득한다. • 체험환경교육 프로그램의 평가를 통해, 현장적응 능력을 기른다.

1

체험환경교육의 이해

체험환경교육의 의의와 가치

1) 체험환경교육의 개념

• 체험, 체험교육, 체험환경교육

체험환경교육은 '체험으로 하는 환경교육'이다. 이를 더욱 깊이 이해하기 위해서는, 이 용어를 구성하고 있는 체험, 체험교육, 환경교육 등의 개별적인 의미를 살펴봄으로써 '체험환경교육'의 전체적이고 통합적인 개념을 그려 보는 것도 좋은 방법이 될 것이다.

우선 '체험'[7]의 의미를 살펴보자면, 체험은 몸으로 느끼는 행위 즉, 보고, 듣고, 냄새를 맡고, 맛을 보고, 만져보는 등의 감각을 통해서 심적으로 획득한 결과나 그 과정을 의미한다. 심리학적 정의로서의 체험은 '유기체가 직

---

(7) 체험(體驗). 우리말 형태소 사전에 보면, 체험하다는 겪다. 경험하다. 맛보다. 치르다의 의미를 갖고 있고, 연관어들은 체험담(談), 체험산업(産業) 체험수기(手記) 체험자(者), 체험학습(學習), 체험활동(活動), 간접체험(間接), 원체험(原), 작위체험(作爲), 직접체험(直接), 추체험(追) 등이 있다. 출처: 백문식(2012). 『우리말 형태소 사전』. 박이정출판사.

접 경험한 심적 과정'으로 '경험과는 달리 지성·언어·습관에 의한 구성이 섞이지 않은 근원적인 것'을 말한다. 또 철학에서는 '주관과 객관으로 나누기 전의 개인의 주관 속에 직접적으로 볼 수 있는 생생한 의식과정이나 그 내용'이라고 정의하고 있다.[1]

이러한 정의 속에서 알 수 있는 것은 무엇보다, 체험은 몸으로 느끼는 '직접성'이 중시된다는 점이다. 또 체험의 대상은 기존의 생각이나 경험을 통해 가공되지 않는 원초적인 것, 일상적으로 접하지 않는 '새로운 것'이라는 점, 그것을 받아들이는 것도 이성적 사유보다는 본능적 감각에 근거한 '직관'이 중요한 것임을 알 수 있다.

이러한 '체험'이 반복되고 누적되어 연륜으로 체득되는 과정을 '경험'이라고 할 수 있다. 물론, 영어에서는 이 두 단어 모두 experience로 표기할 수 있고, 우리 사전에서도 그 뜻에 큰 차이를 두고 있지 않다. '체험'은 "자기가 몸소 겪음. 또는 그런 경험"으로 정의하고 있고 '경험'은 "자신이 실제로 해 보거나 겪어 봄. 또는 거기서 얻은 지식이나 기능"으로 정의하고 있는 것이다.[2]

그러나 이 두 용어의 실제적인 뉘앙스나 용도로 보았을 때 '경험'은 대체로 일상적이고 반복적인 과정으로 체득된 기능이나 지식, 지혜나 연륜 등을 말하는 측면이 있지만, '체험'은 비일상적으로 접촉하는 신선하고 돌발적인 사건으로써, 몸으로 받아들여 그 인상이 새겨지는 느낌, 감각, 충격 등을 수반하는 활동이라고 할 수 있다. 즉, 경험은 체험보다 일반적이고 포괄적인 용어로서 체험과 체험에 관한 우리의 의식의 축적이며, 체험은 경험의 특수한 유형으로서 우리가 겪고 인식한 대로의 경험을 말한다고 할 수 있다.[3]

다음으로 '체험교육'을 살펴보면, '체험'을 통한 교육이나 학습을 일컬어 체험교육, 체험학습이라고 말하고, 영어로는 'experiential learning'으로 표현한다. 그런데 우리가 이러한 체험학습이나 체험교육의 용어를 사용할 때는 '스스로의 체험을 통해서 터득하는 것'의 의미로 말하기도 하고, 또 '체험을 통해 학습하거나 교육하도록 체계화된 프로그램이나 교육방법'이라는 뜻으로도 사용한다. 또, 학습자(스스로의 체험)의 자율성과 능동성을 강조하는 관점에서는 '체험학습'의 용어를 쓰고, 교육자의 목적성이나 기술적 의도를 중시하는 관점에서는 '체험교육'의 용어가 사용되기도 한다. 즉, 체험 '학습'은 학습자와 체험대상 사이의 직접적이고 개별적인 상호작용이 강조되는 개념이며, 체험 '교육'은 이러한 활동(체험학습)을 촉진하고 체계화하며 그 가치실현을 극대화하는 교육 방법이자 교육철학적 관념이 내포되어 있다고 볼 수 있다.

그러나 어떻게 구분하고 인식하든, '학습'과 '교육'이 모두 '체험'에 의해 규정되는 것이며, '체험'의 본질이 갖는 주체성과 직접성을 바탕으로 하고 있다는 점은 다르지 않다. 즉, 체험교육, 체험학습은 학습자의 직접적이고 주체적인 체험을 기반으로 하는 교육 또는 학습이라고 할 수 있다.

끝으로 '체험환경교육'의 의미구성을 풀어보기 위해, 환경교육의 뜻을 살펴보자. '환경교육'은 크게 보면 자연적, 사회적 '환경(environment)'에 관한 교육이라고 할 수 있다. 즉, 기본적으로는 인간이 살아가면서 영위하는 자연환경과 생활환경의 물리적 환경에 대하여, 그리고 그 속에서 이루어지는 상호관계와 제반문제를 이해하고 해결을 추구하는 교육을 의미한다고 할 수 있다.

환경교육진흥법에서는 '환경교육'을 "국가와 지역사회의 지속가능발전을 목표로 국민이 환경을 보전하고 개선하는 데 필요한 지식·기능·태도·가치관 등을 배양하고 이를 실천하도록 하는 교육"[4]이라고 규정하고 있다. 이 정의는 법이 적용되는 우리나라에서의 최소한의 '법적 정의'일 뿐 세계와 인류, 나아가 지구의 생명공동체에 관한 실천적 의미는 배제되어 있다는 점은 감안할 필요가 있다.

우리의 삶을 둘러싼 공기, 물, 산과 바다, 풀과 나무 등의 자연환경과의 관계나 우리가 살아가면서 만들어내는 폐기물이나 오염 등 사회 환경에 관한 문제는 직접적인 체험을 수반하지 않으면 관련된 구체적인 지식을 얻거나, 그 중요성을 피부로 실감하기는 어렵다.

즉, 환경문제는 눈으로 보고, 코로 냄새를 맡고, 귀로 듣고, 손으로 만져보지 않으면, 숫자나 통계, 이미지와 개념만으로는 이해하기 어려운 것들이 많이 있기 때문이다. 아무리 사실적으로 묘사된 아름다운 꽃과 나무, 멋진 동물이라도 사진이나 그림으로는 그 감동이 매우 제한적이다. 쓰레기만 하더라도 매일매일 깨끗이 청소되어 눈앞에서 사라지기 때문에, 그것이 처리되는 운송 과정, 매립장이나 소각장과 같은 종말처리장을 '체험'해 보지 않으면, 그 심각성이 피부로 와 닿기 어렵다.

때문에 체험환경교육은 이러한 환경을 직접적으로 느끼고 자기 자신과의 관련성을 구체적으로 감각할 수 있도록 하는 교육이라고 할 수 있다. 즉, 학습자가 환경을 쉽게 접하고 느낄 수 있도록 하여, 바람직한 인간과 환경의 관계를 구현하고, 지속가능한 사회를 실현할 수 있는 사람을 키우는 데 목적을 두고 있다고 할 수 있다.

끝으로 환경부의 체험환경교육 프로그램 지원지침에 의한 정의를 살펴보자. 이에 따르면, 체험환경교육은 "학습자들로 하여금 환경에 대한 이해의 폭을 넓히고 감수성을 증진시키기 위한 이론과 지식의 전달은 물론, 환경보전 활동 및 환경문제해결에 직접 참여하여 느끼고 실천할 수 있는 모든 교육활동과 이를 지도할 수 있는 지도자 양성, 교육시설 개발 등 학습자 중심의 환경교육을 위한 제반활동"[5]이다. 체험환경교육의 개념을 인적 역량계발은 물론 프로그램과 시설의 개발과 같은 물적인 콘텐츠의 영역까지 확장하여 이해하고 있다. 환경교육시설과 교구 등 환경교육자원의 개발, 환경교육 프로그램의 개발 역시 넓은 의미의 체험환경교육의 영역이라고 할 수 있다. 이처럼 체험환경교육은 환경과 환경문제에 관한 직접적이고 구체적인 참여와 실천을 촉진하는 환경교육으로써 환경교육의 가장 기본적인 방법이라고 해도 좋을 것이다.

2) 체험환경교육의 필요성과 가치

- 체험환경교육은 왜 필요한가?

'경험보다 훌륭한 스승은 없다.'라는 말이나, '들은 것은 잊어버리고, 본 것은 기억하고, 직접 해본 것은 이해한다.'라는 말들은 모두 '체험'의 가치를 높게 산 말들이다. 특히, 환경교육에서는 '체험'을 수반하지 않고 이루어질 수 있는 것은 별로 없다고 할 정도로 체험환경교육의 비중과 그 가치는 두드러진다. 환경교육의 흐름들 중에서 가장 오랜 전통을 가진 '자연주의'의 전통은 자연에서의 '체험'을 기반으로 하고 있으며 최근 늘어나고 있는 생태교육이나 생태관광의 추세 또한 '체험'을 기반으로 이루어지는 것들이다.

순자(荀子)의 '듣지 않는 것은 듣는 것만 못하고, 듣는 것은 보는 것만 못하고, 보는 것은 아는 것만 못하고, 아는 것은 행하는 것만 못하다'라는 말은 학문의 직접적인 체험의 감각을 통해 알고(이해하고), 실천에 이르는 구조를

이야기하고 있다고 해석할 수 있을 것이다.[8]

모든 학문은 '실천'을 통해 검증되고 그 가치가 실현된다고 할 수 있겠지만, 환경교육은 특히 오늘날과 같은 환경위기 시대에 있어서, 실천적이고 실용적이어야만 하는 필요성과 당위성을 가지고 있다. 때문에 체험환경교육이야말로 그 환경적 가치와 신념을 펼쳐가는 실천적 기반을 조성하는 교육적 의미와 가치를 지닌다.

체험환경교육은 현재 일어나고 있는 자연환경의 문제와 생활환경의 문제를 몸으로 직접적으로 실감하면서 그 경험과 지혜를 바탕으로 인류 문명이 나아갈 좌표를 설정하고 실천하는 데 그 밑거름이 될 수 있다. 체험환경교육이 다만 자연환경과 생활환경의 교육이 아니라, 자연의 원리에 기초한 사회교육이자 윤리교육이며, 예술과 전통의 교육 등 통합적인 체험 교육의 기반이 되기 때문이다.

자연 혹은 환경으로부터 배운다는 것은 자연의 질서에 내재해 있는 원리를 이해하고, 그 원리를 통해 자연에 얽혀서 살아가는 인간과 사회의 존재적 속성을 이해하고 배우는 것이며, 인류문명의 지속가능성을 열어 갈 방법을 학습하는 것이다.

인류문명은 급격히 디지털화, 사이버화 되고 있다. 정보통신기술의 발전은 이제 현실과 비현실의 경계를 허물 정도로 가상현실을 현실화하고 있다. 소리, 냄새, 맛, 감각 등 지금까지 '몸'의 감각으로 포착했던 '체험'의 실재적인 대상물들까지 디지털화되어 온통 '사이비'로 다가오고 있는 것이다. 사이버(Cyber)는 인터넷이나 유무선 네트워크를 기반으로 하는 가상의 공간을

---

(8) 원문,《순자(荀子)》제8(第八) 유효편(儒效篇), 不聞不若聞之, 聞之不若見之. 見之不若知之, 知之不若行之 ; 學至于行之而止矣.

의미하는데, '겉으로는 비슷해 보이지만 속은 완전히 다르다'라는 개념의 사이비(似而非)와 상통하는 의미가 있다.

그런데 세상만물은 균형과 조화를 통해 존속한다. 개체든 전체든 늘 기존의 상태를 유지하고 새로운 환경에 적응하려는 조화와 균형을 통해 스스로를 보전하고 발전해 나간다. 복원성은 원래의 상태를 유지하고자하는 항상성이다. 어떤 물체를 구부리거나 휘었을 때 다시 원상태로 복원되려는 탄력성이 없다면 부러지거나 깨질 것이다. 또 뭔가가 나아가는데 마찰력의 반작용이 없으면, 끝없이 미끄러지게 될 것이다. 작용과 반작용의 균형과 조화도 자연의 원리이다. 생태계에서도 이런 역동적인 균형과 복원성이 떨어졌을 때 황폐화가 일어난다.

인간의 세상도 한쪽으로 치우치면 반드시 반대쪽의 균형을 추구하게 될 것이다. 이를테면 사이버 혹은 가상의 세계가 팽창되고 그 원심력이 커진다면 그만큼 그에 대한 균형과 반작용으로서의 구심력이라고 할 수 있는 실체적인 현실, 즉 실재(Reality)로서의 자연의 비중과 욕구가 높아질 수밖에 없는 것이다. 따라서 '복제성'을 기반으로 하는 스마트 교육, 온라인 교육 등 디지털 사이버 세계가 심화될수록, 현실 세계에서 아날로그의 '원본'으로서 '체험'의 가치와 중요성은 높아질 것이라고 본다.

암묵지(暗默知)[9]의 중요성이 부각되는 것도 디지털 지식, 형식지의 범람 속에서 이제는 '체험'을 통해 얻어지는 신체화된 지식이 더욱 강조되고 있

---

(9) 암묵지는 헝가리 출신의 과학철학자 마이클 폴라니(Michael Polanyi, 1891~1976)가 주장한 개념이다. 그는 인간의 지식을 암묵지(暗默知)와 형식지(形式知)로 구분하고 전자를 언어나 문장으로 표현하기 어려운 개인적 주관적인 지식으로, 후자를 언어나 문장으로 표현가능한 객관적이고 이성적인 지식으로 구분했다. 이 관점에서 보면 대체로 체험을 통해 얻어지는 것은 암묵지이고 기존의 교재 등에 의한 학습과 교육을 통해서 얻어지는 것은 형식지라고 볼 수 있을 것이다.

음을 보여주는 것이라고 하겠다. 체험환경교육은 지식의 대부분을 환경과의 상호작용, 직접적인 체험을 통해 얻고 익히는 암묵지이다.

체험학습은 '학습자가 실재와의 실제적이고 직접적인 접촉을 하는 학습 방법'[6]이라고 정의할 만큼 체험의 본질적 중요성은 '리얼리티'의 체득이라고 할 수 있을 것이다. 체험은 체험의 주체와 대상 간의 상호작용을 통해 이루어지는 실존적인 경험, 즉 리얼리티의 실현이다. 존재의 실감을 통해 나와 대상의 관계성을 이해하고 존중하는 토대가 된다.

흔히 "달을 가리키는 손가락이 아니라, 달을 봐야 한다."라는 말을 듣는다. 현상보다는 본질을, 추상적인 이론이나 지식보다는 그 구체적인 실체의 중요성을 말하는 것이기도 하다. '체험'은 현상을 통해서 본질에 다가서게 하는 구체적인 방법이다. 즉, 손가락이 아니라 달을 보는 것이 체험인 것이며, 체험은 더 깊은 인식의 바탕이 된다. 숨이 신체에 활력을 불어넣듯이, 체험은 삶의 흐름 안에서 의미를 호흡하는 행위이다.[7]

이러한 깊은 인식은 환경문제 해결의 실천적 토대가 된다. 즉, 체험환경교육은 학습자들의 호기심을 자극하며(직접성, 구체성) 그들의 주변 생활환경은 물론 나아가 자연환경을 이해하면서, 자신과 환경과의 새로운 관계를 발견할 수 있게 한다(상호성, 관계성). 또 개인적이고 주관적인 '체험'을 통해 사고와 행동의 범위를 넓혀가기 때문에(주체성) 최종적으로는 스스로 활동하고 스스로 학습하는 적극적인 태도를 지니게 하는 데 의의가 있다(실천성).[8]

쓰레기 소각장 체험을 통한 생활환경에 관한 체험환경교육은 스스로 내다버린 쓰레기의 문제를 인식하고 성찰하여, 자원순환에 대한 적극적인 실천의지로 내면화될 것으로 기대한다. 이처럼, 체험을 통해 얻어지는 환경적 지식과 인식이 실천적 가치로 내면화되는 교육적 가능성, 필요성은 체험환경교육의 중요한 배경이 된다. 즉, "진정한 의미의 환경교육을 위해서는 단순히 환경문제에 대한 지식을 전달하고, 인식의 폭을 넓히는 것 외에도 환경정의에 합당한 가치관을 습득하고, 이것이 자기행동화로 나타날 수 있는 환경교육이 중요하다. 이런 환경교육의 방법으로 바람직하다고 자주 언급되는 교육 방법이 체험환경교육이다."[9]

체험이 갖는 본질적인 내재적 가치라고 할 수 있는 주체성, 상호성, 직접성, 구체성, 실천성 등이 체험을 통해 드러나고 새겨지는데 이러한 것들이 학습자의 발달에 기여하는 요소들이다. 체험환경교육의 자연환경에 대한 이해는 좀 더 폭넓은 관점에서 자연에 직접적으로 접근하며, 다양한 아이들이 정신적 그리고 신체적으로 건강하게 성장하는 것을 돕는다.

자연체험을 통하여 얻어지는 생생한 기억과 창의력은 결국 자연과 인간의 유기적인 관계에 대한 인식뿐만 아니라 그 안에 존재하는 인간으로서의 자아의식을 높여준다. 즉, 체험환경교육은 자연과 인간의 기계적 분리에 기초한 과학관에서 벗어나 자연과 인간을 유기적인 관계 안에서 이해하는 세계관에 기초하여 아이디어를 창출하고, 새로운 가치관에 입각한 인격 또는 인품을 형성해 나가는 데 큰 도움을 준다.[10]

체험환경교육에서는 자연과의 교감, 환경과의 직접적인 교감, 외적 세계의 사물과 상호작용하는 것이 기본이 된다. 이것은 손과 발의 체험을 통해서 세계와의 대화를 주창했던 슈타이너의 노작교육(勞作教育)[(10)]의 정신과 상

---

(10) 표준국어대사전에 따르면 노작교육은 "학생들의 자발적이고 능동적인 정신과 신체의 작업을 중심 원리로 하여 행하는 교육. 주로 공작, 원예, 요리 따위의 손의 활동을 중심으로 하는 교육"이라고 할 수 있다. 교육사상가인 G. 슈타이너의 노작학교(Arbeit Schulle)에서 비롯된 노작교육은 이러한 개념적 정의 이상으로 중요한 교육사상과 원리를 가지고 있는데, 손놀림을 기본으로 하는 신체와 정신을 통합하는 교육활동을 추구하는 발도로프 교육도 노작교육의 정신과 원리를 내포하고 있는 것으로 알려져 있다.

통한다고 할 수 있을 것이다. 신체적 접촉을 통해 이루어지는 체험환경교육은 페스탈로치의 교육정신인 머리와 가슴, 몸을 골고루 도야(陶冶)하여 하나의 인격체로 키워야 한다는 것과도 다르지 않다고 할 수 있다.

체험환경교육은 체험의 대상물과의 상호작용 속에서 촉발되는 '정체성'의 자의식을 증진하고, 나아가 그 정체성이 자연과 인간, 인간과 인간의 상호 '관계성' 속에서 존재한다는 생태적 가치관의 형성과 인식에 도움을 준다. 환경교육은 환경교육 그 자체로만 끝나지 않고, 그 '연계성'과 '순환성'을 갖고 현실에서의 삶과 연결 지어 나갈 수 있도록 한다. 생태적 다양성이나 상호 관계성에 대한 체험적 인식은 학습자의 현실세계를 사회와 직결시킴으로써 실천하는 민주시민을 형성하는 데 도움을 줄 수 있다.[11]

체험환경교육의 이론과 실제

1) 체험환경교육의 배경과 역사

• 체험환경교육의 발달 배경

환경교육이 사회적인 과제로 등장한 것이 오래되지 않은 것처럼, 체험환경교육의 역사도 길지 않다. 1960년대에 들어서야 '환경교육'이라는 용어가 등장할 정도로 연륜이 많지 않음에도 불구하고 환경교육은 환경에 대한 인식과 탐구를 통해 환경과 인간의 상호관계 속에서 발생하는 문제의 해결, 실천적 활동을 추구하는 실용적 분야로 발전해 왔다. 아울러 체험환경교육도 자연학습이나 생태교육 등과 함께 환경교육의 핵심적인 활동이자 방법론으로서 발전해 왔다.

기술과 문명의 발달, 대량소비와 자원순환의 단절 등에 따른 환경문제의 심각성은 누구도 부인할 수 없는 현실이 되어 있다. 개인과 사회는 늘 쓰레기 대란의 위험성을 안고 있고, 국가와 국경을 넘어 기후변화로 인한 여러 가지 문제를 겪고 있다. 기후변화와 연동된 것으로 보이는 폭설과 폭염, 홍수 등의 자연재해가 지구촌 곳곳에서 발생하고 있고, 도시화에 따른 생태계의 여러 가지 변화들을 목격하고 있다. 따라서 환경교육의 중요성은 그 어느 때보다도 절실한 시대를 맞이하고 있다.

세계는 이미 지식정보사회를 넘어서 창조사회[11]로 진입하고 있다고 할 정도로 급속한 변화를 겪고 있다. 인터넷이나 사이버 세상에 널려있는 박제화 된 지식은 의미 없는 것이 되고 좀 더 능동적이고 창의적이며, 역동적인 생동감을 갖는 지식들이 요구되고 있다. 체험을 통해서 얻는 경험적 지식이 중요한 시대인 것이다. 체험산업[12]이라고 하는 분야가 성장하고 있는 것도 이와 무관하지 않을 것이다. 덴마크는 일찍부터 체험경제를 추구한 전통을 살려 문화체험산업이라 부르는 창조산업을 일으키고 있다.[12]

환경교육 프로그램이나 관련된 분야에서도, 체험과 참여가 중시되고 있는 것은 일반적인 현상이다. 초창기 야외에서의 환경해설활동은 교실을 야외로 옮겨놓은 듯한 강의해설 위주의 프로그램이었지만 최근에는 이러한 프로그램이 거의 사라지고, 직접적인 놀이와 체험을 중심으로 이루어진다.

환경교육 분야는 최근 다양한 양적 질적 변화와 발전을 가져왔다. 지난 10여 년 사이 제도적으로는 환경교육진흥법 제정 및 시행, 숲해설가, 자연

---

(11) 창조사회는 2001년 노벨경제학상 수상자인 스티븐 스티글리츠가 주창한 개념으로 인류문명이 농업혁명, 산업혁명, 지식정보혁명을 거쳐서 창조사회로 나가고 있다는 이론이다.

(12) 고객에게 어떤 일을 직접 겪어 볼 수 있는 환경을 일정 기간 동안 제공하여 이익을 얻는 산업. 여가 산업과 교육산업의 한 분야이다. 네이버 국어사전, http://krdic.naver.com

환경해설사, 사회환경교육지도사 등 자격 관련 인증제도 도입, 환경교육 프로그램 인증제도의 도입 등의 큰 변화가 있었다.

이를 통해 기존의 환경교육단체는 물론 크고 작은 풀뿌리단체를 통해 체험환경교육이 다양하게 이루어지고, 관련한 지역 환경교육 프로그램의 개발과 운영, 그리고 체험환경교육 관련 전문가들이 배출되었다.

환경교육진흥법에 의하면, 환경교육진흥위원회의 심의를 거쳐 5년마다 환경교육종합계획을 수립해야 하며, 특별·광역시장·도지사는 종합계획의 내용과 해당지역의 여건을 고려하여 5년마다 지역 환경교육계획을 수립하여야 한다. 또한, 학교 환경교육의 지원, 사회 환경교육의 진흥, 사회환경교육지도사 자격 부여, 환경교육 프로그램의 개발·보급 및 인증, 환경교육의 활성화에 필요한 환경교육센터의 지정, 국가 및 지방자치단체는 환경교육을 실시하는 기관·단체 등에 대하여 예산의 범위 안에서 필요한 경비의 전부 또는 일부를 지원할 수 있는 조항 등을 포함하고 있다. 이러한 법적인 근거를 통해 국가 환경교육센터, 지방자치단체의 지역 환경교육센터가 지정되어 운영되고 있으며, 사회환경교육지도사가 양성되고 있다.

2010년부터 시행된 환경교육 프로그램 인증 제도를 통해 2019년 상반기 기준 270여 개 기관에서 520개 이상의 환경교육 프로그램들이 인증을 받았고, 이 프로그램의 거의 대부분은 체험환경교육 프로그램이다.[13] 체험환경교육의 배경에는 역사적, 사회적, 정책적, 제도적 변화들이 연동되어 있으며 앞으로도 더욱 연계성의 심화와 확산이 이루어질 것으로 전망된다.

• 체험환경교육의 역사

일반적으로 환경교육의 뿌리를 19세기 서구에서 진행된 야외자연학습으로 이야기한다. 체험환경교육의 근거도 여기에서 찾을 수 있을 것이다. 1948

년 세계자연보전연맹(IUCN)이 발족한 이후, 1970년대에 이르러 미국 환경교육법 제정(1970), 베오그라드 국제환경교육회의(1975), 트빌리시 정부 간 환경교육 회의(1977) 등 세계의 환경교육 관련 활동이 활발해지기 시작했다. 자연연구, 야외교육, 생태교육, 보전교육, 환경체험교육 등의 명칭으로 1960년대부터 1980년대까지 지향했던 주제를 간단히 정리하면 다음과 같다.[14]

- 1960년대
- 자연연구(natural study) : 식물, 동물 그리고 이들을 부양하는 물리적 체계에 대한 학습
- 현장학습(fieldwork) : 특정한 학문적 관심을 가진 생물학, 지리학 등 '전문가'에 의해 수행된 환경 현장 학습
- 1970년대
- 야외/탐험교육(outdoor/adventure education) : 직접 체험을 위한 자연 환경 이용의 증가
- 보존교육(conservation education) : 보존 문제에 대한 가르침
- 1980년대
- 지구적 교육(global education) : 환경문제, 쟁점에 대한 광범위한 시야 강조
- 행동연구(action research) : 지역사회 문제 해결, 현장학습을 통한 아동 중심 문제 해결 강조

이와 같은 역사를 볼 때, 체험환경교육은 어느 시점에서 창안된 새로운 환경교육 학습방법이 아니라, 자연연구, 현장학습, 탐험학습, 보존교육, 지구적 교육 등의 여러 용어로 불리던 환경교육의 통합적 역사와 궤를 함께하는 환경교육 과정의 하나라고 할 수 있을 것이다.

한편 우리나라에서의 체험환경교육의 역사는 세계적 흐름에 비해 늦게 태동한다. 자연과의 직접적인 접촉을 통해 생태환경의 감수성을 증진하는 본격적인 체험환경교육의 확산은 1990년대부터라고 할 수 있다. 물론 70, 80년대에도 '내 땅이 죽어간다', '한국의 공해지도' 등의 출판물을 통해 민간 환경교육을 태동시킨 한국공해문제연구소 등의 반공해운동을 위한 계몽적 교육으로서의 사회 환경교육은 꾸준히 이어져 왔다.

1990년대 이후 체험환경교육이 활성화되기 시작한 것은 시장과 기술, 정책을 통해 점진적으로 개선되고 개량되어온 환경문제에 대한 기존 반공해 투쟁의 전환 필요성, 민간 환경단체들의 현장 중심의 환경교육 활성화 노력의 영향이 크다고 할 수 있을 것이다. 이를테면, 70, 80년대 환경오염 현장 고발과 같은 '네거티브 캠페인' 중심의 반공해운동에서 90년대에는 꽃과 나무의 생태와 아름다움을 알고 지키자는 '포지티브 캠페인' 중심으로, 생태보전과 환경교육 중심의 전략으로 진화하면서 필연적으로 현장탐방과 환경 캠프 등의 체험환경교육 프로그램의 활성화가 수반되었던 것이다.

1990년대 초, 여가문화의 확장 속에서 현장탐방과 환경캠프의 활성화는 체험환경교육의 확산에 크게 기여하였다. 현장 중심의 체험환경교육 프로그램은 현장 체험학습과 관찰 탐구학습 등의 직접적 체험과 공동생활이라는 프로그램의 특성을 통하여 참여자들의 환경에 대한 관심을 높일 수 있었고, 생태보전의식과 생태 감수성을 배양하는 데 많은 기여를 하였다.

1995년 창립된 '환경을 생각하는 교사모임' 등 교사들의 자발적인 노력을 통해 학교환경교육이 활성화되고, 90년대 말 숲해설가, 생태안내자 등의 다양한 풀뿌리 활동가들이 양성되고 단체들이 설립되면서 체험환경교육이 급격히 확장되었다. 학교에서의 체험환경교육은 환경부에서 지정하는 환경보전시범학교의 운영 등을 통해 체험 중심의 환경교육이 이루어지고 있고 최근에는 학교와 환경단체가 협력하는 형태나 교사 중심으로 학교별 지역 별로 다양한 체험환경교육이 실시되고 있다.

2000년부터 환경부에서 시작한 '체험환경교육 프로그램 지원 사업', 교 보생명교육문화재단 등의 환경교육 지원 사업은 체험환경교육 프로그램의 비약적인 발전을 가져오게 했으며, 체험환경교육이 적극적으로 실시되는데 중요한 역할을 하였다.

아울러 2000년대의 숲해설가, 생태안내자 등의 체험환경교육 인력의 비 약적인 성장과 자격제도 등을 통한 전문성 제고는 체험환경교육의 양적, 질 적 확산에 기여하였으며 2010년 환경교육 프로그램 인증제도의 실시 등을 통해 체험환경교육 프로그램의 전문성, 공공성, 신뢰성을 높이는 데 기여하 고 있다.

2) 체험환경교육의 원리와 효과

- 체험환경교육의 원리[15]

▷ 생태적 원리와 체험환경교육의 특징

생태계란 생물이 햇볕, 물, 공기, 흙을 바탕으로 에너지를 섭취하고 물리 적 환경에 적응하며 살아가는 생명의 존재 이치와 그 시스템(Being system)이 다. 인간은 이 생태계 내에서 존재하며, 따라서 이 생태적 원리를 이해하는 것은 기본적으로 인간사회와 삶의 가장 근본적인 것을 이해했다고 해도 좋 을 것이다.

자연을 안다는 것은 이 생태적 원리를 이해하는 것이며, 체험환경교육의 궁극적 목적도 이 생태적 원리의 이해를 기반으로, 환경인식(Awareness)의 지 평을 넓히고, 환경에 관한 지식(Knowledge)을 심화시키며, 환경에 관한 관심과 능동적인 태도(Attitudes)를 갖게 하고, 문제해결을 위한 역량(Skills)을 길러서 당면한 문제와 미래를 위한 적절한 행동의 참여(Participation)를 이끌어 내는 것이다.

이 체험환경교육의 목적은 환경교육의 국가 간 협약에서 이루어진 최초의 환경교육선언이라고 할 수 있는 트빌리시 선언에서의 목적과 목표와 다르지 않다. 특히 정규적인 교육의 형식과 방법을 갖추든, 비형식적인 놀이나 게임 등의 체험의 형식이든, 환경에 관한 지식을 얻고, 적용하고, 실천하는 역량을 기르는 모든 것을 환경교육의 목적이라고 정의하고 있다.

표1. 트빌리시 선언과 생태적 개념에 입각한 환경교육의 목적, 목표, 방법

	목적	목표
유네스코 트빌리시 선언	형식, 비형식 교육의 모든 단계에서 환경에 관한 기존의 지식을 획득, 분석, 종합, 의사소통, 적용, 그리고 평가할 수 있는 능력과 환경에 관심을 가짐으로써 환경문제에 적용될 수 있는 해결책을 구안하는 데 능동적인 역할을 하도록 하는 능력을 가르치는 데 있다.	• 환경인식과 감수성의 제고 • 환경지식과 관련 문제의 이해 • 환경에 대한 관심 태도, 동기 부여 • 환경문제 해결의 역량 습득, 소통의 증진 • 환경문제의 책임감과 참여 행동

〈표 1〉은 보편적으로 수용하고 있는 환경교육의 목적과 목표를 정리한 것이다. 그런데 이 목표를 실행하는 체험환경교육의 방법은 무엇인가? 체험환경교육이 체험을 통해 환경의 원리와 관계를 배운다고 할 때, 그 방법론 역시 자연의 원리, 생태계의 원리에 기초하는 것이 마땅할 것이다. 생태학자들마다 생태계의 작동 원칙들에 대해 규정하고 있는 바, 대체로 생태계의 가장 기본적인 원리라고 할 수 있는 것은 서로 먹이사슬(에너지의 흐름)로 연결되어 있으며, 되먹임 구조(피드백)를 통해 순환하고, 복잡하고 역동적인 조화와 균형 속에서 발전한다는 원리이다. 이 생태계의 내재적 원리들은 우리도 그 구조 속에 편입되어 있기 때문에 우리 삶의 원리와 다르지 않으며, 교육

의 원리로도 반영된다. 체험환경교육의 원리를 생태계의 원리에 결부시켜 정리 해설하면 다음과 같다.

- 주체성(능동성) : 체험은 주체적이고 능동적이다.

몸을 빌리는 것이 가능하지 않은 것처럼 체험을 대신하는 것은 불가능하다. 따라서 체험에서 능동성을 이끌어 내지 못하면 의미를 갖지 못한다. 체험교육에서 학습자의 능동성은 학습자의 자기 주도적인 학습과도 밀접한 관계를 맺고 있다. 체험교육협회(AEA)에서도 체험교육의 원리로서 제시한 것 중의 하나가 주체성이다. 즉, 주체적으로 참여할 때 "체험학습 과정 전체에 걸쳐서, 학습자는 문제를 제기하고 연구하고 실험하고 호기심 있고 문제를 해결하며 책임을 맡고 창의적이 되고 의미를 구성하는 데 적극적으로 참여하게 된다."라는 것이다.[16] 체험환경교육은 체험자의 능동적 체험으로 구성되는 교육과정이다.

- 정체성과 다양성(차별성, 현장성) : 새롭고 달라야 한다.

존재하는 모든 것들은 나름의 정체성(identity)을 갖고 있으며, 이 정체성이 관계성(network)의 기초가 되고 다양성의 원리가 된다. 일반적으로 체험환경교육이 현장성을 강조하는 것은 그 현장이 만들어내는 고유한 정체성과 '관계 맺기'이기 때문이다.

기본적으로 실내는 크게 변화하지 않지만, 야외는 늘 새로운 변화된 장소와 분위기를 갖는다. 이 새로움이 정체성, 차별성이며 고유성이다. 체험환경교육의 가장 큰 특징은 여기에 있다. 즉 '새로움'에서 '다름'을 획득하고 그 차별성과 정체성을 내면화하는 것이다. 체험은 그때 그 자리에서만 이루어지는 그 사람만의 고유한 관계 행위이며, 그 체험자의 정체성을 형성하는 바탕이 된다.

정체성이 없는 체험환경교육은 이미 죽은 것이다. 흔히 '독창적'이다, '차별화'된다는 것은 그것만이 갖는 고유한 시간, 장소, 주체, 대상, 주제, 방법에서 '새로움'과 '다름'이 있다는 것이다.

• 직접성, 관계성 : 연결되어야 한다.

체험은 관계를 맺음으로써 이루어진다. 즉 나와 대상의 조우, 낯선 만남이 나와의 관계를 통해서 새롭게 생성되는 의미의 구성이 체험인 것이다. 늘 마주하는 나무 한 그루도 나와의 관계와 의미 구성이 이루어지지 않으면, 체험되지 않은 것이다. '내가 그의 이름을 불러 주었을 때 그는 나에게로 와서 꽃이 되었다'라는 김춘수의 시는 일상적으로 지나치는 꽃도 나와의 관계를 통해서 비로소 의미가 생성된다는 '체험'의 본질을 잘 이해시켜주는 표현이다.

아무리 훌륭한 이야기라도 나와 연결되어 있지 않다면 그것은 의미 없는 이야기다. 숲의 바람과 공기와 새의 노래가 아무리 좋다고 하더라도, 참여자의 오감으로 감각되지 않는다면, 그것은 존재하지 않는 것과 같다. 체험환경교육의 본질적 특징은 관계 맺기이다. 이 관계 맺기의 밀도에 따라서 체험환경교육의 성패가 좌우된다. 관계를 잘 맺기 위해서는 관심과 호기심을 갖도록 하고, 관심이 체험을 통해서 관계로 나아가도록 해야 한다. 관심과 호기심은 참여자와의 직접적인 관계성에 따라서 좌우된다. 참여자의 발달단계, 정신적 신체적 조건, 직업적 문화적 여건에 따라서 관심 영역과 호기심에는 많은 차이가 있다. 체험환경교육은 이 개별적이고 구체적인 관계성을 고려하여야 한다.

- 순환성 : 주고받는다.

체험환경교육의 중요한 원리로서 순환성을 들 수 있다. 순환성이란 몸의 신진대사와 같다. 피가 돌지 않으면 살아가기 어렵다. 자연도 마찬가지로 아무리 기름진 땅이라도 영양물질이 피드백(되먹임)되지 않으면, 토질이 나빠지고 결국 생산성이 저하된다. 먹이사슬이 단절되면, 전체 생태계가 위험에 빠지듯이 체험환경교육 역시 각 구성요소들이 유기적으로 잘 연결되어서 순환되고 피드백되어야 하는 것이다.

체험환경교육의 순환 구조는 학습자와 지도자의 피드백, 학습자와 학습공간의 피드백, 학습내용 간의 피드백 등 다양한 연결고리를 갖는다. 학습자와 지도자의 일방적인 교육 형태는 필연적으로 재생산과 발전에 악영향을 줄 것이다. 또 학습자와 학습공간은 물리적으로든 정신적으로든 주고받는다. 체험학습공간이 남용되지 않도록 생태통로나 숲길 안식년을 주는 것은 인간과 자연의 피드백 구조이다. 따라서 체험환경교육에서 주체와 대상의 교류와 순환 상호협력에 대한 이해가 필수적이다.

또, 자연환경교육과 생활환경교육이 단절되어 있는 경우가 많다. 숲 교육과 폐기물 교육은 차원이 다르다고 생각할 수 있지만, 자원순환의 측면에서는 반드시 교육의 내용이 순환되어야 한다. 즉, 숲의 나무와 풀들이 인간사회에서 목재와 식료로 쓰이고 폐기물이 되어, '종말처리장'에서 끝나는 일방적 단절의 폐기물이 아니라 자원으로써 다시 순환되어야 하는 것처럼, 교육도 순환되어 이루어져야 하는 것이다. 이러한 순환성과 피드백 구조는 체험환경교육의 중요한 테마일 뿐만 아니라 방법이기도 하다.

- 체계성과 통합성

생태계는 개체와 개체들의 무리인 개체군, 개체군들의 모임인 군집에서 생태계로 이어지는 체계성을 가지고 있다. 물론, 개체의 경우도 분자에서 세포, 조직, 기관의 일련의 체계를 갖는다. 지구와 같은 행성도 태양계와 은하계에서 우주로 이어지는 체계 속에 존재한다.

체험환경교육은, 혹은 다른 모든 교육을 포함하여, 뿌리와 줄기와 잎과 열매와 같은 계통적 질서처럼 나름대로의 체계성에 기초하여 이루어질 때 자연스럽고, 통합적 전체상을 이해할 수 있다. 체계적이고 통합적이라는 말을 달리하면 짜임새가 있고, 맥락이 있다는 말이다.

체험환경교육도 자연의 생태적 시스템의 체계처럼 유기성을 갖고 통합적이고 체계적으로 이루어져야 한다. 작은 것에서 큰 것으로, 쉬운 것에서 어려운 것으로, 구체적인 것에서 추상적이고 보편적인 것으로, 그 방법이 연역적이든 귀납적이든, 일관성과 체계성을 유지하여야 한다. 이러한 계통적 체계성을 통해서, 자연생태계에서의 관계의 맥락을 이해할 수 있게 하여야 한다.

체험환경교육의 흐름 역시 도입-전개-마무리의 순으로 짜임새를 갖추어 진행한다. 이것은 단순한 방법이 아니라, 사물의 구조, 생태학적 체계를 이해하는 구조와 맞물려 있다. 작은 꽃이나 사물의 감성적 인식에서 생물학적 지식으로, 그 꽃이 관계하는 생태학적 이해의 추상적이고 개념적인 생태계와 환경문제의 인식으로, 더 나아가 이러한 환경인식과 지식이 실천적 태도로 내면화되는 체계성과 통합성을 갖추어야 한다.

• 역동성과 발전성

체험의 미덕은 역동성에 있다. 체험은 같은 공간이라고 하더라도 어제와 오늘이 다르고 오늘과 내일이 다르다. 다양한 시간과 공간의 관계를 통해서 이루어지는 새로운 맛이 있다. 이것이 없다면 체험은 없었다고 말할 수 있다. 체험에서 역동성을 이끌어 내는 것은 체험환경교육의 이벤트적인 요소이다.

체험이 반복적이고 일률적이라면 흥미와 호기심을 유발할 수 없다. 참여자와 지도자의 역동성, 참여자와 참여자의 역동성, 참여자와 현장의 역동성을 끌어내는 것이 체험의 밀도를 높이고 상호발전을 가져온다.

프로그램을 통해서 사회환경교육자와 참여자와의 주고받고 밀고 당김, 참여자와 참여자 간의 상호경쟁과 조화, 참여자와 새로운 공간, 새로운 시간과의 이질성과 동질성의 체험 과정, 프로그램과 프로그램 간의 역동성이 있어야 한다. 프로그램은 정적인 프로그램과 동적인 프로그램, 강의와 참여, 유희와 경외, 관찰과 실험 등 긴장과 이완의 탄력이 있어야 한다.

체험이 단순한 일회적 유희로 끝나서는 안 된다. 생태적 원리로 보면 자연은 협동과 경쟁을 통해서 통합하고 진화하며 발전한다. 마찬가지로 체험환경교육은 재미에서 의미로 진화하고 인식에서 실천으로 발전되어야 한다. 체험환경교육의 원리에서 발전성은 개인과 사회의 발전을 고려하여야 된다. 피드백과 평가를 통해서 독려하고 함께 진화하는 프로그램이 되어야 한다. 이를 위해서는 체험환경교육 프로그램의 각각의 크고 작은 목표와 사명의 의의를 부여하고 평가하고 환류를 통해 진화하는 체계를 갖추어야 한다.

발전성을 고려하면, 반드시 체험환경교육은 일회적이 아니라, 반복적이며 지속적이어야 하고 발전적 위계성이 있어야 한다. 개별 단위의 프로그램 내에서도 이러한 발전 단계가 고려되어야 한다. 흔히 도입, 전개, 마무리의 체계나, 기승전결의 체계는 프로그램의 과정과 절차일 뿐만 아니라, 진행자와 참여자의 통합적 발전 단계를 고려한 방법이어야 한다. 처음 만나는 주체와 대상의 관계, 경험과 인식의 통합적 발전이 이루어졌을 때 비로소 체험환경교육의 목적이 이루어졌다고 할 수 있을 것이다.

3) 체험환경교육의 역할과 효과

체험환경교육의 역할은 체험을 통해 생태적 원리들을 체득하도록 하는 데 있다. 즉 앞서 제기한 것처럼 체험환경교육의 궁극적 목적은 생태적 원리의 이해를 기반으로, 환경인식의 지평을 넓히고, 환경에 관한 지식을 심화시키며, 환경에 관한 관심과 능동적인 태도를 갖게 하고, 문제해결을 위한 역량을 길러서 당면한 문제와 미래를 위한 적절한 행동의 참여를 이끌어 내는 것이다.

이를 위해서 우선 학습자들이 일상생활 속에서의 환경교육을 위해 의미 있는 것들에 대해서 호기심을 갖게 하는 것이 필요하다. 늘 가까이서 경험하는 물이나 전기 재활용품 등의 생활환경의 체험은 물론, 주변의 공원과 숲, 하천 등의 자연환경에서의 주체적인 체험을 통해, 자신과 환경과의 새로운 관계를 발견할 수 있도록 해야 한다. 이러한 개인적이고 주관적인 '체험'을 통해 사고와 행동의 범위를 넓혀 최종적으로는 스스로 활동하고 스스로 학습하는 적극적인 태도를 지니게 하는 것이다.

그래서 특히 체험환경교육은 주변 현장의 활용을 통한 환경교육 동기 부여, 직접 체험의 기회 제공, 환경에 대한 감수성 향상, 자연에 대한 심미적 이해의 복원 측면 등에서 그 중요성과 역할이 강조된다.[17] 아울러 체험환경교육은 알게 모르게 쌓여가는 암묵지를 체득할 수 있으며, 이는 학습자의 전인적이고 통합적인 발전을 도모하는 데 기여할 수 있다. 몸으로 아는 지식을 통해 실천적 기반을 닦는 것도 체험환경교육의 역할이자 큰 효과라고 할 수 있을 것이다. 이러한 체험환경교육의 역할과 효과를 좀 더 세부적으로 정리해 보면 다음과 같다.

- 생활 속에서 이루어지는 환경교육

체험환경교육은 환경과의 일상적이고 직접적인 접촉을 제공해 줄 수 있는 좋은 방법이다. 환경교육은 일회적이고 형식적으로 이루어지는 지식의 습득보다는 지속적이고 역동성이 있는 체험이 중요하다. 즉, 알기만 하고 실천하지 않는다면 크게 쓸데없는 것이 환경지식이라는 점에서 몸으로 체득되는 환경교육이 중요한 것이다. 체험환경교육은 늘 만나는 주변의 자연환경과 늘 경험하는 생활환경을 학습의 장으로 활용하며 학생들의 참여도를 증진시킬 수 있고, 일상적 삶의 현장에서 오감을 통해 새로움을 발견함으로써 환경적 감수성과 상상력을 펼칠 수 있다. 체험환경교육은 실생활과 연관된 학습을 할 수 있다. 학습 내용이 교과서에 있는 내용이 아니라 생활 속에서 체험할 내용을 선정할 수 있는 것이다. 생활 속에서 체험을 통하여 얻어진 내용은 기억하기 쉽고 오랫동안 간직된다. 이러한 체험환경교육은 일상적인 생활권에서의 지역에 대한 애착심을 통해 환경문제에 접근하는 중요한 방법이 된다. 이러한 활동은 나아가 지구적인 사유와 지역적 실천을 도모하는 기반이 된다. 특히 "자신과의 관계를 쉽게 인식할 수 있는 학교 숲, 지역의 공원, 가로수, 마을 주변 등 일상적으로 접하는 가까운 곳에서의 체험 학습을 통해 더 쉽게 학습될 수 있다. 이러한 측면에서 지역 공동체를 거점으로 한 환경교육의 필요성과 중요성이 있다."[18] 특히 자기와의 관계 속에서 펼쳐지는 체험환경교육은 마을, 동네, 고향 등의 지역에 대한 이해를 통해 자기정체성의 형성에 큰 도움을 준다.

- 직접적인 경험과 참여의 환경교육

체험환경교육은 생활환경과 자연환경과의 직접적인 접촉을 통해서 환경교육의 내면적 관계성을 높일 수 있다. '아는 만큼 보인다.'라는 말처럼, 늘 일상의 환경들과 보고 접하지만, 그 의미와 새로움을 발견할 때, 좀 더 깊은 관계가 된다. 날마다 마주치는 아파트 현관문 앞의 나무 이름, 공원의 큰 나무 이름 하나를 아는 것과 모르는 것의 차이는 매우 클 것이다. 관계의 깊이만큼 관심과 애정이 다를 것이기 때문이다. 수도꼭지를 틀면 나오는 물이 어디에서 발원되어, 어느 강을 거쳐, 어느 취수장과 정수장, 배수장 그리고 내 집의 수도꼭지로 오는지를 아는 것과 모르는 것의 차이는 분명 있을 것이다. 내가 버리는 쓰레기가 누구의 손을 거쳐, 어디에 모이고, 어떻게 분류되고, 어떻게 처리되는지, 재활용센터, 소각장, 매립장을 체험해 본다면, 환경교육의 질은 매우 달라질 것이다.

이렇듯 일상적인 생활 속에서의 반복적인 체험은 경험적 지식으로 체득되고, 이러한 환경과의 직접 체험과 참여는 환경문제를 풀어가는 실천 역량을 증진시킬 수 있다. 특히, 체험환경교육은 학습자의 능동적인 참여를 통해 일반적인 교육의 관행적 특성인 정해진 틀의 교과 중심, 교사 중심의 공급자형 주입식 교육의 많은 문제점을 해결하고 치유할 수 있는 교육 및 학습 방법이다.

• 생태적 감수성이 높아지는 환경교육

어린 시절 골목길은 그 어떤 몇 차선의 '대로'보다도 크고 의미가 있다. 친구들과 타고 놀았던 나무는 "잭의 콩 나무"만큼 높아 보인다. 이것은 어린 시절의 경험들이 감성적으로 차지하고 있는 크기와도 관련이 있을 것이다. 이런 경험은 누구에게나 있을 법한 것들이지만, 특히 환경교육과 관련해서 마을의 자연과 환경은 자아정체성과 감수성의 토대가 된다.

특히 환경문제를 대하는 데, 책임 있는 환경 행동을 이끌기 위한 주요 변수인 생태감수성은 특정한 의미 있는 삶의 체험과 관련되어 있으며, 어린 시절 야외에서의 자연체험이 가장 중요한 영향을 준다고 한다.

때문에 많은 일선 교육현장의 교사들이 환경교육에서 학생들의 직접적인 현장 체험이 바람직한 교육 방법이며 교육과정의 매우 중요한 일부라는 것에 동의하는 것은 당연한 일이다. 체험환경교육은 환경교육에 있어서 매우 중요한 위치를 차지하고 있으며 환경감수성을 높이는 데 많은 기여를 하고 있다.

• 심미적 체험과 환경교육

플라톤은 인간이 추구해야 할 최고의 가치를 진, 선, 미의 삼위(三位)로 보았다. 이는 궁극적으로 무엇이 참인가 하는 진리의 문제, 무엇이 바른가의 선이라는 사회적 관계, 사회적 가치의 문제, 그리고 무엇이 어떻게 아름다운가의 사물의 속성과 표현의 맥락의 문제 등이 인간에게 중요한 의미를 갖는다고 해석해도 좋겠다.

또 칸트는 '미는 도덕성의 상징이다.'라는 말을 남길 정도로 아름다움의 가치를 중시하였다. 이 아름다움, 미(美)의 가치는 흔히 의미 있고 가치 있는 세계를 만들어내려는 인간의 본질적 욕구에 바탕을 둔다고 할 수 있을 것이다. 그러한 욕구에 의해 발생하는 정신적인 활동과 그 생산물을 예술이라고 한다.

매슬로우(Abraham Maslow)와 같은 심리학자에 의하면 인간은 성장 단계에 따라서 점차 다른 욕구를 갖게 되는데 이를테면, 유아기에는 먹고 자는 데에 따른 생리적인 욕구가 기본이 되고, 어린이 청소년기에는 안전과 소속, 애정의 욕구가 발생한다. 더 나아가 자기존중의 욕구, 자아실현의 욕구와 같은 욕구를 갖게 된다. 특히 자아실현의 욕구는 이 예술적 활동과 깊은 관계가 있다. 나이가 들수록 표현하고자 하는 욕망이 커지는 것이나 예술품의 감상과 소장은 이러한 욕구의 실현과정이라고 할 수 있을 것이다.

아름다움이 인간이 추구해야 할 중요한 가치 덕목이라면, 미(美)와 추(醜)를 판단하는 심미적(審美) 감각은 대단히 중요한 것이 아닐 수 없다. 자연은 심미적 감각의 원천으로 우리는 자연에서 시적인 표현의 영감을 얻고, 범접할 수 없는 숭고미(崇高美)를 얻는다. 미추에 대한 판단의 저울은 자연의 체험을 통해서 형성된다고 할 수 있을 것이다.

• 전인적이고 통합적인 발전의 도모

체험학습은 봉사나 인성교육과 연관돼 계획되고 실행되는 경우가 많이 있다. 이것은 몸으로 배우는 체험학습의 특성이 전인적 성장과 관련이 있기 때문이다. 체험환경교육도 잘 계획하면 환경교육뿐만 아니라 일반적인 문제 해결력, 탐구력, 민주주의 정신, 봉사정신과 리더십 등 바람직한 통합교육을 동시에 수행해 나갈 수 있을 것이다. 숲과 자연이야말로 창의성과 인성교육의 가장 효율적인 공간이라고 할 수 있다. 자연은 늘 새롭고 역동적이다. 새로움에 대한 발견의 역량이 창의성의 원천이다. 자연은 보면 볼수록 갠지스 강의 모래알만큼 많은 존재들이 서로 다른 모습으로 얽혀 있다. 자연의 원리, 어떤 존재든 하늘 아래 유일무이한 존재라는 존귀함을 알게 하고, 그 존재들은 서로 연결되어 있으며, 서로 돕고 경쟁하고 조화하여 돌고 돌며 살아간다는 자연의 원리에서 참다운 '인성'을 길러나갈 수 있다.

문제를 해결해 나가는 체험환경교육은 참여자들 스스로 환경이슈를 발굴하고 계획하면서 기획력과 창의력을 기를 수 있고, 이를 함께 토론하고 논의하는 과정에서 민주주의의 훈련이 이루어질 것이다. 끝으로 체험의 결과와 후속과제를 정리하고 발표하는 과정에서 통합적 지도력 등을 익힐 수 있다.

- 체현된 실천적 지식의 획득

교육의 중요한 목적 중의 하나는 인생을 살아가는 경험적 도구로서의 지혜를 획득하는 것이다. 일반적으로 지식의 층위를 5단계로 이해할 때, 사실, 자료, 정보, 지식, 지혜로 이루어지고 이것이 단계적 발전과정을 통해 습득된다고 한다.

즉, 늘 숲에서 만나는 존재로서의 풀과 나무와 새들은 단순한 객관적인 '사실'적 존재들이다. 그러나 어떤 종류들이 있고, 몇 그루가 있으며, 언제 꽃이 피고 지며, 더불어 어떤 새와 동물이 함께 사는지의 사실은 중요한 '자료'가 된다. 이 자료들이 쌓이면, 그 생명체들의 중요한 특성의 단서와 '정보'를 알아낼 수 있다. 이 정보들을 바탕으로 기존에는 없었던 새로운 지식, 이를테면, 일반적으로 알고 있던 사실과 달리 어떤 새와 어떤 꽃과의 관계는 매우 밀접한 관계에 있다거나 그렇지 않다는 검증된 '지식'이 탄생할 수 있다. 이러한 생태학적 지식을 바탕으로, 나무 한 그루가 새를 살리고 숲을 살린다는 지혜를 얻고, 인간의 삶에 있어서 자연과의 관계를 더욱 깊이 있게 하는 지혜를 얻을 수 있다.

그런데 여기서 주목해야 할 것은 '사실', 리얼리티의 체험이 가장 중요한 전제가 된다는 점이다. 실재의 체험을 통해 부지불식(不知不識), 알게 모르게 얻어지는 사실적 지식이 중요한 것이다. 체험은 '사실'과의 부단한 교감을 통해서 몸에 그 데이터가 저장되고 내면의 정보로 구축되어, 그것이 곧 '암묵지'가 된다고 할 수 있다. "경험은 우리의 몸이 습관을 습득하고, 몸이 구조화되는 기회를 부여하도록 함으로써 몸이 실천적인 지식을 얻도록 한다. 경험을 통해 얻게 되는 지식은 추상적이고 관념적인 지식이 아니라 실천적인 지식이고, 체현된 지식(embodied knowledge)이다. 체험한다는 것은 단순한 우리의 활동이 아니라 우리는 행위를 하면서 알게 되고, 이 앎은 우리의 몸에 습득된다."[19]

이처럼 다양한 감각 기관을 통해 몸으로 얻은 지식은 개개인의 고유한 지문(指紋)이 된다. 체험환경교육은 개인의 정체성을 부여하고, 삶의 실천적 동력을 주게 될 것이다.

1 개인의 경험에 비추어 머리로 아는 지식과 몸으로 얻은 지식의 차이를 설명해 보자.

2 AI(인공지능)가 보편화되었을 때 "체험"이 갖는 지식적 의미는 무엇인가?

3 자연에서 배우는 아름다움을 사회에서의 아름다움으로 어떻게 재현할 것인가?

추천 도서

▶ 노상우(2015). 『인간과 자연의 상생을 위한 생태교육학』. 교육과학사.

▶ 살레시오수녀회 유아교육분과 연구부(2008). 『생태영성교육프로그램1』. 공동체.

▶ 환경부(2008). 『환경체험학습교과서』. 현암사.

참고문헌

1, 2. 국립국어원 표준국어대사전, http://stdweb2.korean.go.kr

3, 7. Max van Manen(1994). 『체험연구: 해석학적 현상학의 인간과학 연구방법론』. 동녘.

4. 〈환경교육진흥법〉, 국가법령센터, http://www.law.go.kr

5. 환경부(2003). 〈체험환경교육 프로그램 지원지침〉 자료.

6. 이현정, 전영호(2006). "가상체험과 실습기업." 한국직업능력개발원, "Working Paper 2006": 4, p.4.

8, 10, 18. 최석진, 김인호, 남효창 외(2001). "체험환경교육의 이론과 실제." 한국환경교육학회 연구보고서.

9. 안삼영 외(2005). "학교 내 체험 환경교육 프로그램 개발." 한국환경교육학회 학술대회 자료집. p.116.

11, 14, 15, 17. 환경부(2014). 『간이양성과정교재 사회환경교육지도사 3급』.

12. 신종호 외(2014). "창의경제와 문화예술의 역할." 한국학중앙연구원.

13. 환경교육포털, 초록지팡이 참조 http://www.keep.go.kr

16. http://www.aee.org, 고미숙(2006). "체험교육의 의미." 「아시아연구」, 7, p.5. 재인용.

19. Merleau-Ponty(1945). "Phe′nome′nologie de la perception. Gallimard." 류의근 역(2002). 『지각의 현상학』. 서울: 문학과 지성사. p.212; 고미숙(2006). 위 논문 p.13, 재인용.

2

[실습 I] 체험환경교육 동향과 유형 이해

체험환경교육의 현황과 동향

1) 해외의 체험환경교육 현황

UN의 지속가능발전교육 10년 이행계획 등 환경교육 분야가 국제적인 주요 의제가 되면서, 체험환경교육의 중요성은 날로 높아져 가고 있다. 환경교육은 체험을 수반한 교육이 기본이기 때문이다. 특히 정보통신기술의 발전에 따라 디지털화된 지식보다는 체험을 통해 얻는 지식이 강조되면서 그어느 때보다 체험환경교육의 필요성이 제기되고 있다.

각국의 조건에 따라 양상이 다를 수는 있지만, 체험환경교육은 환경을 구체적으로 체험함으로써 환경을 인식하고, 이를 통해서 행동이 변화되기 때문에 나라마다 다양한 체험환경교육 프로그램을 운영하고 있다. 체험환경교육이 학교환경교육에서의 주요활동으로 이루어지는 경우도 있고, 사회환경교육의 영역에서 주로 다루어지기도 한다. 해외의 동향을 살펴보는 것은 우리의 체험환경교육의 방향과 과제 등을 도출하는 데 도움이 될 것이다. 이는 해외연수 등을 통해서 직접적인 체험을 통해 프로그램의 현황이나 동향을 파악하는 방법도 있겠고, 관련 단체나 전문가들의 저작물, 보고서 등을 참조하여 간접으로 학습해 보는 것도 필요할 것이다. 현재 환경부의 초록지팡이 홈페이지에 탑재되어 있는 환경교육정보를 참조하면 개괄적인 정보를 얻을 수 있다. 기존의 자료 등을 참조하여 주요국의 체험환경교육 프로그램의 현황을 개괄해 본다.

그밖에 환경부 초록지팡이 홈페이지에서 해외 환경교육정보를 참조하면 기타 해외의 체험환경교육 프로그램의 동향을 알 수 있다.

[해외의 동향과 프로그램 사례]

– 미국은 국립공원 해설활동 등을 통한 오랜 전통과 역사의 체험환경교육이 발달되어 있는 나라 중의 하나이다. 학교와 사회의 다양한 체험환경교육 프로그램을 개발하여 운영하고 있다. 그중에서도 PLT(Project Learning Tree)는 한국의 환경교육 활동가들에게도 인기 있는 해외연수프로그램 중의 하나일 정도로 잘 알려져 있다. 1970년대부터 실행되어온 PLT는 유치원을 비롯한 학교 교사와 다른 교육자, 학부모, 지역 사회 지도자를 위해 설계되었고, 자연 환경에 대한 올바른 이해를 돕기 위해 만든 활동 중심의 프로그램으로써 미국의 대표적인 체험환경교육 지침서로 알려져 있다.

PLT의 환경교육 활동 가이드는 '물체의 형태', '나무 만지기', '주변에서 들려오는 소리' 등의 자연체험은 물론 폐기물, 에너지 자원, 공동체의 문제 등 96개의 교육 활동(2014년 기준)으로 구성이 되어 있다. (https://www.plt.org 참조)

또 2004년부터 진행된 국제 네트워크 ENSI(Environment and school initiatives)의 생태학교(eco-school)는 지역의 숲을 활용한 모니터링과 같이 지역 사회의 자원을 활용한 구체적 학습활동을 하고 있다. (http://www.ensi.org 참조)

– 우리에게 숲 유치원 등으로 잘 알려진 독일의 경우도 체험환경교육 프로그램
이 다양하게 운영되고 있다. 특히 독일의 경우 NGO에 의한 사회 환경교육의
비중이 높고 활발하게 이루어지고 있다. 독일에서 사회 환경교육단체의 가장
중요한 역할은 자연을 배우고 총체적인 자연 경험의 기회를 제공하는 것이다.
독일 사회 환경교육 기관의 70% 이상이 자연보호, 농업, 임업 등 자연과 관련
된 녹색주제를 교육 내용으로 선택하고 있다.[1]

프라이부르크 에코 스테이션과 같은 기관의 사례를 보면 한 해에 물, 에너지,
기후변화, 생물 종 다양성, 음식, 이민자의 문제 등 약 15가지 프로그램이 준
비되어 있으며, 400여 가지의 행사가 이루어질 정도로 다양한 체험환경교육이
이루어진다. 특기할 만한 내용은 이민자의 문제를 포함하고 있는 등 환경교육
이 지역사회문제와 밀접하게 연동되어 있다는 점이다. 또, 고학년 학생들의 경
우, 새집 짓기와 약초 기르기와 같은 생활과 밀접한 프로그램들이 이루어지고
있다.

프라이부르크 에코 모빌(Eko mobil)은 우리의 푸름이 이동환경교실처럼 찾아가
는 체험환경교육이다. 태양집광판을 이용하여 전력을 사용하도록 개조한 대형
트럭이다. 가스배출이 적은 차량의 내부에 전문적인 교육 기자재 및 교구를 탑
재하여 체험환경교육의 이동성과 편의성을 높이고 있다. 차량에는 수질 분석
키트, 현미경, 쌍안경, 동물 탐지기 및 포획장치, 도서 등이 실려 있다.

– 일본은 한국에서 가장 가까운 나라로 비교적 환경교육 관련 교류나 정보가 활
발하게 이루어지는 나라이다. 일본의 경우 도시, 습지, 산림, 해양 등의 다양
한 생태공간에 따른 지역별 환경교육센터 등이 잘 조성되어 있다. 그리고 이
러한 지역의 환경교육센터의 경우 지역 NPO(비영리조직)들에 의해 운영되고
있는 경우가 많아, 시민의 요구와 최근 동향을 잘 반영한 프로그램이 운영되
고 있다.

체험환경교육 프로그램의 경우는 한국과 유사하며, 산림 관련 환경교육 프로그램은 구체적이고 밀도 있는 프로그램들이 많이 있다. 목공 관련 체험환경교육 프로그램의 경우는 한국에서는 조립이나 마감 등 단순 작업에 그치고 있는 경우가 많으나, 일본에서는 설계와 재단과 같은 프로그램을 포함하고 있다.

교토의 미야코 에콜로지센터의 경우, 도심지 내의 환경교육센터의 특성을 살려서 생활 속의 체험환경교육 프로그램을 잘 운영하고 있다. 이를테면 가정집의 구조를 활용하여, 수돗물의 이용량을 스스로 체크해볼 수 있도록 하는 프로그램이나, 옥상텃밭을 활용한 다양한 체험 환경교육 프로그램을 운영하고 있다.

2) 국내의 체험환경교육 현황

국내의 경우 지역마다, 단체마다 환경교육 공간을 배경으로 다양한 프로그램들을 진행하고 있다. 2019년의 우수환경교육 프로그램 지정 현황을 보면, 2019년 상반기 기준으로는 521개가 지정되어 있으며, 이중에서 순수 강좌형으로 지정된 것은 6개에 불과하고, 나머지는 실내체험과 실외체험, 그리고 강좌형을 부분적으로 포함하는 다양한 형태의 체험환경교육의 범주로 이해할 수 있다.

체험환경교육이 다양화되면서, 각 단체의 조건이나 역량에 따라서 프로그램의 내용의 정확성이나 환경교육적 적절성 등의 수준차가 생기게 되고 이로 인한 프로그램의 질과 신뢰성을 우려하는 경향도 나오게 된다. 이에 환경교육 프로그램의 질적 수준의 향상을 통해 환경교육의 신뢰성, 공공성을 높이고자 환경교육진흥법 제13조에 의거하여 프로그램의 친환경성, 우수성, 안전성 등을 심사하여 인증하는 '환경교육 프로그램 인증제'를 도입하기에 이르렀다. 환경교육프로그램 인증제는 2018년 환경교육법의 개정을 통해 우수환경교육프로그램 지정제도로 전환하였다.

각 지역이나 단체마다 많은 체험환경교육 프로그램을 개발·운영하고 있으며 그 수를 파악하기는 매우 힘들다. 그러나 우수환경교육 프로그램 지정제를 통해서 확보된 '우수체험교육 프로그램 모음집'이나, 산림청의 '산림교육 프로그램' 등의 사례만으로도 체험환경교육 프로그램의 현황을 개괄하는 데는 무리가 없을 것으로 판단된다. 한국에서의 체험환경교육의 양적인 정보와 기초적인 추세와 동향에 대한 기본적인 자료들은 환경부의 초록지팡이 자료실(홈페이지 http://www.keep.go.kr), 산림청 통합자료실(홈페이지 http://www.forest.go.kr)을 통해 확보할 수 있다.

체험환경교육 프로그램의 현황을 좀 더 세부적으로 파악하고 그 동향을 이해하기 위해서는, 이러한 프로그램을 잘 분석하고 검토해 볼 필요가 있다. 또한, 국내의 체험환경교육은 수로 환경단체들에 의해 이루어신나는 점에서, 각 환경단체들이 진행하는 환경교육 프로그램을 조사하거나, 기존의 환경교육 프로그램에 대한 연구 성과를 검토하는 것도 필요할 것이다.

체험환경교육 프로그램의 유형과 분석

체험환경교육 프로그램을 유형별로 분류하여 체계화하는 것은 프로그램의 현황은 물론 추세와 동향을 이해하는 데 도움이 될 것이다. 체험환경교육 프로그램의 유형을 크게 자연환경교육과 생활환경교육으로 대별하여 구분하고, 세부적으로 프로그램을 검토해볼 필요가 있다. 즉, 다음과 같이 환경교육의 분류 카테고리와 맞춰서 프로그램의 유형을 구분해 보는 것은 환경교육의 영역과 범주를 이해하는 데 도움이 될 것이다.

 - 프로그램 모음집이나 조사를 바탕으로 가장 인상적인 프로그램을 정리하시오.

표1. 프로그램 유형의 분류와 분석표

분야	세부 영역	프로그램명	주요 특성(분석)
자연환경 분야	숲 생태		
	하천		
	습지		
	──추가 분류하여 작성		
생활환경 분야	재활용		
	에너지		
	기후변화		
	──추가 분류하여 작성		
지속가능교육 분야	다문화		
	민주주의		
	평화		
	──추가 분류하여 작성		

또한 프로그램의 유형 분류에서는 자연과 접촉의 직접성 정도에 따라서 다음과 같이 다양하게 그 유형을 구분할 수도 있을 것이다. 직접적인 자연 접촉, 간접적인 접촉 등 다양한 형태의 프로그램이 운영되기 때문이다. 이는 유형의 프로그램을 개발하고 운영하는 데 있어서의 체계적이고 통합적인 인식에 도움을 줄 것이다.

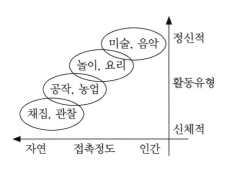

- 풀피리, 환경음악, 대지미술, 숲속캠프

- 숲 명상, 요가, 자연물 빙고, 음식요리, 재활용, 에너지

- 텃밭, 농사체험, 목공활동, 새집 짓기, 천연물 공작, 숲 가꾸기

- 관찰활동, 채집활동, 버드 워칭, 수서생물관찰, 야생동물발자국

이러한 프로그램의 유형 분류는 각 대상과 주제 영역의 효과성과 필요성에 따른 목적이 반영되기 때문에 체험환경교육의 체계적이고 발전적인 운영을 위해서는 반드시 분류해볼 필요가 있다.

참고문헌

1. 이무춘(2005). "독일의 환경교육". FES-Information-Series. 2005-08.

3

[실습Ⅱ] 체험환경교육의 참관 – 모니터링

참관실습과 모니터링의 의의

아무리 다양한 프로그램에 관한 이론적인 지식이 있더라도, 그것이 현장에서 체험을 통해 몸으로 습득되어 있지 않다면, 실제로 운영하는 데는 어려움이 따른다. 체험현장은 늘 변화하는 것이고, 대상은 기계가 아니기 때문에 예기치 않은 상황이 만들어질 수 있다.

가장 좋은 방법은 직접 경험을 통해 체득하는 것이지만, 처음부터 부딪쳐서 실수를 반복하면서 '지도하는 것을 배우는 것'은 쉽지도 않고, 바람직하지도 않다. 우선, 준비되어 있지 않은 체험환경교육의 지도는 참여자에 대한 예의가 아닐뿐더러, 본인에게도 자신감을 잃게 하는 경우가 많기 때문이다.

모의실험 프로그램을 통해 체험환경교육을 실제로 진행해 보는 방법도 있겠지만, 그 대상을 구하는 것도 쉽지는 않은 일이다. 때문에 계획한 프로그램을 진행하는 역량으로서의 방법을 터득하는 것은 많은 사례를 통해서 체득하는 수밖에 없는 것이다. 즉 다른 실제의 체험환경교육 프로그램에 참여(參與)해서 관찰(觀察)하면서 간접적으로라도 경험해 보는 것은 실제 운영에 앞서서 모의진행과 같은 역할을 할 수 있다.

참관실습은 실습생들이 일정한 기간 동안 체험환경교육 프로그램의 현장에 참여하여, 프로그램의 전반적인 진행 상황과 모습을 살펴보도록 하는 것이다. 실습생은 체험환경교육을 위한 답사, 기획, 프로그램의 운영, 평가의 전 과정, 즉 체험환경교육활동 전반과 그것을 둘러싸고 있는 주체적, 객관적 환경을 면밀하게 관찰하는 예비적 단계의 교육실습이다.

참관실습은 참관한 내용을 상세히 기록하면서 체험환경교육의 일련의 과정을 전반적으로 이해하고, 이후의 체험환경교육 프로그램의 기획과 운영, 평가의 직접적인 벤치마킹 또는 간접적인 자료로 활용하도록 하는 데 그 의의가 있다. 여기에는 체험교육의 장소, 대상과 고객, 방법, 비용, 위험요소 등에 대한 실습을 포함한다.

참관실습의 과정 중에서 가장 기본적인 것은 배웠던 것들에 대한 일련의 과정을 충실하게 모니터링해 보는 것이 필요하다. 즉, 이론적으로 배웠던 것들이 어떻게 적용되는 지를 파악하는 데 그 목적이 있다.

모니터링(monitering)은 일반적으로 프로그램이 처음의 설계대로 운용되고 있는가, 그리고 당초의 목적대로 실행되는가를 평가하는 감시적인 기능을 갖는다. 모니터링 대상이 되는 경우에는 부담스러운 측면도 있기 때문에, 모니터링이 체험환경교육 프로그램의 진행에 방해가 되지 않도록 유의하여야 한다.

1) 참관실습, 모니터링의 방법

참관실습의 방법은 체험환경교육의 여건에 따라서 다양할 것이다. 즉, 떨어져서 관찰을 해야 하는 경우도 있고, 직접 참여를 통해 해 보는 일도 있다. 다만, 가장 기본적인 것들을 살펴보면 우선, 체험환경교육 프로그램을 참관하고 다음 사항을 잘 관찰하고 기록하여야 한다.

가. 체험환경교육의 일반적인 흐름을 살펴야 한다. 답사를 통한 기획, 참여자의 홍보와 모집, 진행, 평가의 일련의 과정이다.

나. 체험환경교육의 현장에서 실행하는 내용과 방법을 포함하여, 일반적인 체험교육활동의 업무들을 살펴본다. 즉, 교육의 안전관리를 포함하는 세부적인 내용들이다.

다. 체험환경교육 프로그램을 둘러싸고 있는 이해당사자로서의 환경을 살펴본다. 즉, 고객으로서의 학교나 참여기관의 조건, 대상자들을 파악하는 것이다.

라. 체험환경교육 프로그램의 내용과 기술적인 방법과 요령을 살펴본다. 이를테면 도입과 전개, 마무리의 과정 등에서의 노하우 등을 살펴본다.

마. 체험환경교육 프로그램을 운영하는 사회환경교육지도사로서의 품성과 자질, 태도, 행동방식들을 살펴본다.

참관실습 모니터링 보고서의 작성

참관실습을 하고 나서는 보고서를 통해서 참관의 목적에 부합하는 평가를 하는 것이 필요하다. 즉, 체험환경교육 프로그램의 이론이나 목적 등이 잘 구현되었는지, 향후 프로그램의 개발과 적용에 적합한지 체험환경교육의 이해의 폭을 넓히고 발전시키기 위함이다.

체험환경교육 프로그램의 참관은 대부분 프로그램 그 자체로만 끝나는 경향이 있으나, 참관의 목적에 따라서 참관의 폭과 깊이도 달라진다. 참관의 목적, 참관 프로그램의 내용과 형식에 따라서 참관보고서의 형식과 내용이 달라져야 하지만, 기본적으로는 다음과 같은 내용들이 담길 수 있을 것이다.

- 답사와 기획의 프로세스에 대한 참관과 평가
- 프로그램 모집과 홍보에 대한 참관과 평가
- 프로그램의 운영에 대한 참관과 평가
- 프로그램의 평가에 관한 참관과 평가

1) 프로그램 기획 및 준비

① 프로그램의 기획은 어떻게 이루어지고 있는가? (답사)

② 고객(참여기관) 관계는 어떻게 이루어지고 있는가? (모집)

③ 지역사회와의 관계(지역사회를 위한 학교환경교육 프로그램 등)는 어떻게 이루어지고 있는가?

2) 프로그램의 운영

① 해당 체험환경교육 프로그램의 목표는 무엇인가?

② 해당 체험환경교육 프로그램의 특성은 무엇인가? (놀이형, 해설형, 자기주도형)

③ 프로그램의 도입, 전개, 마무리의 경과는 어떠한가?

④ 동기유발(관련 방법, 체험학습 환경의 구성, 계속적인 흥미유발 방법 등)은 적절히 이루어지고 있는가?

⑤ 체험학습의 형태(지도법의 다양성, 학습자의 참여정도, 교구의 적절한 활용도, 학습지도 내용의 활용도 등)는 어떠한가?

3) 프로그램의 평가

① 프로그램의 평가를 통한 마무리와 후속과제의 제시 등이 적절히 실시되고 있는가?

② 벤치마킹 혹은 프로그램 발전방안은 무엇인가?

③ 지역사회와의 관련성은 적절한가? 등

4) 프로그램 참관 보고서의 양식

프로그램 참관 보고서는 프로그램의 내용과 형식에 따라서 달라지겠지만, 기본적으로는 육하원칙의 형식적인 틀을 구성하고 위와 같은 내용을 담는 것이 필요하다.

4

[실습Ⅲ] 체험환경교육의 참관 – 벤치마킹

벤치마킹의 의의

체험환경교육의 참관실습에서 벤치마킹은 모니터링과 달리, 향후의 개발 방안에 그 주안점이 있다고 하겠다. 벤치마킹은 경영 분야에서 주로 활용하는 용어로 상대방의 경쟁 우위의 상품이나 경영프로세스 등을 창조적으로 모방하고 혁신하는 과정을 말한다.

벤치마킹(Benchmarking)은 벤치(bench=bank)에 마크(mark)를 하는 것으로 강둑(Bank)의 수심을 측정하기 위하여 표시를 하는 행위를 말하는 것이지만, 현재 사용되는 의미로서는 어떤 특정한 수월성이 있는 유무형의 제품이나 아이디어를 기준으로 하거나 표적으로 하여 그 차이를 비교분석하고, 그 수준을 뛰어넘고자 하는 행위이다.

따라서 체험환경교육의 벤치마킹도 단순한 모방이 아니다. 창의적이고 우수한 프로그램에서 배울 것을 찾아 배우고 뛰어넘고자 하는 과정이다. 체험환경교육에서의 벤치마킹은 프로그램 그 자체만이 아니라, 그 프로그램의 기획과 운영, 평가의 전 과정은 물론, 그런 성과의 자세나 태도까지도 분석하는 것이 필요하다.

벤치마킹의 방법

체험환경교육 프로그램의 벤치마킹은 단순한 아이디어의 모방이 아니라, 프로그램 개발과 기획, 운영과 평가의 전 과정에 대한 창조적 모방과 혁신의 과정이기 때문에 치밀한 준비와 방법의 계획이 필요하다. 일반적인 사업의 프로세스라고 할 수 있는 계획하고 실행하고 평가하는 일련의 PDS(Plan, Do, See)의 흐름과 궤를 같이하여 벤치마킹 계획을 준비하는 것이 중요하다.

[제1단계] 벤치마킹 프로젝트의 계획(Plan) : 참관을 통해서 무엇을 배울 것인가?
[제2단계] 필요한 자료수집(Do) : 참관을 통해시 경쟁우위 요소 등의 모니터링
[제3단계] 자료 분석(See 또는 Check) : 경쟁 우위의 요소에 대한 입체적 분석
         (인적 역량, 프로그램, 시설 및 공간 등)
[제4단계] 개선의 실행(Act) : 새로운 프로그램의 개발에 적용

1) [제1단계] 벤치마킹 프로젝트의 계획 (Plan)

벤치마킹의 계획단계에서는 자료 수집을 통해 무엇을 벤치마킹하고, 어떻게 벤치마킹할 것인지에 대한 자료를 수집하고 조사한다. 다음은 벤치마킹을 위한 조사양식 등을 만들어, 벤치마킹의 목적과 방법을 정한 다음, 누구의 어떤 프로그램을 벤치마킹할 것인지, 대상을 정하여 현장을 방문하고 참관실습을 통한 벤치마킹을 실행한다.

2) [제2단계] 필요한 자료수집 (Do)

벤치마킹 실행단계에서는 다음 사항을 고려하여야 한다. 우선, 체험환경교육 프로그램의 핵심적인 성공요인(프로그램의 독창성, 프로그램의 관계성(피드백 요인)), **핵심 프로세스**(프로그램의 역동성, 다양성), **핵심 역량**(프로그램의 체계성, 통합성, 발전성 등의 기술) 등을 파악해야 한다. 다음으로 벤치마킹할 중요한 프로세스는 반드시 문서로 정리해야 하고 그 프로세스의 특성을 정확히 기술해야 한다.

3) [제3단계] 자료분석 (See 또는 Check)

벤치마킹 분석단계에서는 참관실습을 통해 수집된 데이터를 분석하여, 시사점을 도출하고 수월성의 원인을 판단하는 과정을 수행한다. 이 과정은 벤치마킹 수행을 위해 개선 가능한 프로세스 원인들을 확인하기 위한 것이다. 이 단계에서는 참관한 프로그램 성과의 수월성에 대한 차이(독창성, 관계성, 순환성, 역동성, 다양성, 체계성, 통합성, 발전성)를 체험환경교육의 진행자, 대상자, 공간, 일시, 내용 등에 적용하여 심층연구를 하여야 한다. 작은 차이라도 분석을 위해서는 가시화하거나 도표화하여 객관적인 원인을 도출해야 한다.

4) [제4단계] 개선의 실행 (Act)

체험환경교육 프로그램의 기획, 운영, 평가에서의 벤치마킹 요소들을 적용하여, 프로그램을 기획, 개발하고, 운영해본다. 이러한 전 과정에 적용하기 어렵다면, 개별 프로그램의 기획과 개발에서만이라도 적용해 볼 수도 있다. 예를 들면, 다음의 양식과 같이 약식으로 프로그램에 대한 벤치마킹을 시도해 볼 수 있다.

프로그램 개요			
진행강사		진행일시/장소	
참여자		주제	
프로그램 내용 (경과)	* 참관 시 프로그램 내용 및 도입, 전개, 마무리 진행경과		* 프로그램의 내용과 경과에 대한 평가 및 벤치마킹 요소
프로그램 특성	* 프로그램 유형(예를 들어 놀이형, 해설형, 체험형)		* 특이사항, 장단점 기술, 벤치마킹 요소와 개발방향
향후 개발방향 (벤치마킹)	* 벤치마킹 혹은 개발방안, 본인의 프로그램 운영 구상 메모 기술		

5

[실습Ⅳ] 체험환경교육 프로그램 기획

기획이란 무엇인가?

- 프로그램 기획(planning)과 계획(plan)의 의미

일반적으로 기획은 어떤 목표를 수립한 후 그 목표를 효과적이고 효율적으로 달성하기 위해 계획하고 실행하며 평가하는 전 과정을 설계하는 것을 의미하고, 이에 대한 세부적인 수단과 방법, 일정을 문서화하는 것을 계획이라고 말한다.

따라서 여기에서 체험환경교육 프로그램 기획이란 체험환경교육을 위한 구체적인 활동은 물론 그 활동을 실행하는 데 필요한 구상과 답사, 전체 프로그램 기획에서부터 참가자의 홍보, 모집, 교육, 지도, 평가 등 일련의 과정을 개발하는 활동이라고 할 수 있다.

기본적으로 이 활동의 과정을 우리가 일상적으로 사용하는 육하원칙이라고 불리는 5W1H(왜-why, 누가-who, 무엇을-what, 언제-when, 어디서-where, 어떻게-how)로 잘 정리한 것이 기획이나 계획이다.

프로그램 기획의 원칙과 자세

프로그램을 기획하거나 계획하는 원칙에서도 체험환경교육의 생태학적 방법론을 구체적으로 적용해 보는 것도 중요하다. 즉 체험환경교육의 원리를 이해하고 체득하기 위해서는 매사를 생태적 원리의 측면에서 다루어 보는 것도 필요하다. 이를테면 다음과 같은 원칙들이다.

- 정체성과 다양성 : 프로그램의 독창성, 차별성, 참신성이 있는가?
- 관계성과 순환성 : 참가자의 요구(need)를 수용하였는가? 대상자가 정말 이 프로그램을 하고 싶어 할까? 프로그램이 문제해결을 위한 활력으로 피드백될 수 있을 것인가?
- 역동성과 균형성 : 프로그램이 다양한 것들의 조화로운 역동성이 있고, 신체적, 정신적 측면 등을 다양하게 고려하고 있는가?
- 통합성과 발전성 : 프로그램이 일관성과 짜임새가 있으며, 지속적 발전과 지도자와 참가자의 학습과 성장에 기여하는가?

이러한 원칙들을 통해서 프로그램을 계획하기 위해서는, 프로그램의 기획자 역시 생태적 마인드와 자세를 갖는 것이 중요하다고 할 수 있다. 즉 프로그램을 기획하는 생태적 원리에 기초한 자세로서,

- 새롭고 참신한 주제와 아이디어의 열린 자세(정체성/차별성/참신성)
- 참여자의 문제와 욕구를 수용하여 문제해결로 피드백하려는 자세(관계성/순환성)
- 시설과 자원을 적극적으로 활용 개발하려는 자세(연계성)
- 일관성과 다양성을 짜임새 있게 유지하려는 자세(체계성/통합성/역동성)
- 부족하거나 현실적인 역량을 발전적으로 이끌어가려는 자세(발전성)를 들 수 있을 것이다.

프로그램 기획의 과정

표1. 프로그램 기획의 절차

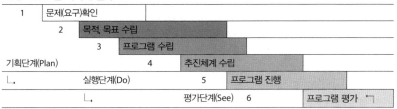

체험환경교육 프로그램의 전 과정은, 일반적인 사업의 프로세스라고 할수 있는 기획단계(Plan), 실행단계(Do), 평가단계(See)의 순환의 과정으로 구분할 수 있다. 기획은 이 전 과정을 설계하는 것이다. 보통 시작이 반이라고 하는 표현은 기획단계(Plan)의 중요성을 포함하는 말이라고 해도 좋을 것이다. 평가는 전체기획의 복기이고, 실행은 기획의 발전적 반복이기 때문이다. 이과정을 좀 더 세부적으로 살펴보면 다음과 같다.

1) 문제(요구)를 확인한다.

먼저 체험환경교육 프로그램을 계획하기 전에 '왜'이 체험환경교육 프로그램이 필요한가를 검토하는 작업이 중요하다. 이 과정에서는 체험환경교육 참여자(수요자)의 이해가 필수적이다. 연령층, 직업, 참여빈도, 참가자의 수에 따라서 문제를 해결하는 방안, 욕구를 수용하는 방안이 다르기 때문이다.

2) 목표를 수립한다.

파악된 욕구와 확인된 문제를 해결하기 위한 목적을 설정하고, 그 목적을 달성하는 데 필요한 구체적인 실행목표를 설정한다. 체험환경교육 활동을 통하여 참여자에게 무엇을 배우고 알았으면 좋을지 생각한다. 목표를 세울 때는 가능한 한 구체적으로 정한다. 이 목적에는 프로그램의 추상적인 가치를 포함하여야 하고, 구체적인 실행목표는 추진 가능하고 피드백이 가능한 목표를 세운다. 예를 들면, 프로그램을 통한 '지구 사랑', '생태의식 고양'과 같은 추상적인 목적을 실현하기 위해서는, 쓰레기 체험을 통해 문제의 심각성을 '안다'거나, 숲 체험을 통해 숲이 주는 안락함을 느끼거나 하는 식으로 구체적인 무엇을 '알고', 무엇을 '느끼고', 어떤 '변화'를 통해, 어떤 '행동'으로 나아갈지를 정하는 것이 목표이다.

3) 프로그램 계획을 수립한다.

설정한 목표를 달성하기 위해서 필요한 체험환경교육 프로그램이 무엇일까를 고민하는 단계이다. 구체적인 체험환경교육 프로그램을 수립할 때 고려해야 할 요소들에 대해서 나열해 볼 필요가 있다.

- 목적, 목표에 부합하는가? (주제가 있는가?)
- 참가자의 문제와 요구(욕구)에 부합하는가? (연계성이 있는가?)
- 재미, 의미 등의 요소가 있는가?
- 운영주체의 역량과 사명에 부합하는가?
- 장소, 시설, 시간(계절) 여건은 되는가?
- 방법이 강의, 놀이, 체험 등 다양한 방법의 요소를 고려할 수 있는가?
- 프로그램이 통합적이고 체계적인 짜임새가 가능한가?
- 프로그램이 단계별 발전가능성과 확장성이 있는가?
- 합리적인 것인가? 비용문제는 고려하였는가?

이러한 고려요소를 감안한 사전답사를 실시한다. 답사는 기본적으로 앞서의 목적과 목표의 실현을 위해서, 프로그램 계획을 위한 제 요소들의 정보와 자료를 파악하는 데 목적이 있다. 즉 참여자의 문제와 요구의 해결을 위해 제시된 목표 달성에 필요한 소재와 방법을 찾는 것에 있다. 물론, 체험환경교육의 진행경로를 확인하고 안전성의 문제, 경제성의 문제, 인력 활용의 문제 등 부가적인 요소를 파악하는 것도 중요하다.

사전 답사를 통해 얻은 정보를 아이디어 회의(brainstorming) 등을 통해 분석, 재구성하여 주체적 역량, 객관적인 여건 등을 고려하여 활동 프로그램을 수립한다. 활동프로그램은 참여자의 욕구를 해결하는 명료한 주제를 통해 '도입', '전개', '마무리'의 흐름을 갖추어 짜임새 있게 구성하여야 한다. 프로그램은 다음과 같은 조건, 즉 사람에 따라서, 시간과 장소에 따라서, 방법에 따라서, 기간에 따라서 다양한 모듈이 구성될 수 있다.

- **시간**(계절)**과 공간**(바다, 산)
- **주제**(테마)**와 소재별**(풀, 나무, 곤충)
- **대상**(연령, 어린이, 청소년, 성인)**과 계층**(장애인, 직장인 등)
- **방법**(생태놀이, 게임, 자연해설, 체험노작 등)
- **기간**(1회형, 주기형, 캠프형)

4) 프로그램 추진체계를 수립한다.

프로그램 추진체계는 프로그램 운영을 위한 세부적인 업무를 분장하고 체계화하는 것이다. 흔히 사업명, 운영의 주체, 일시, 장소, 참여대상, 모집방법, 홍보방법, 운영체계 등을 작성하는 것이다. 대체로, 이것은 기획의 흐름을 짜임새 있게 정리한 것이지만, 운영체계는 운영방법으로서의 매뉴얼과 연결되어 있다. (Why, What, When, Where, Who, How, How much, How long)

- 내용 : 무엇을 교육할 것인가?
- 일시 : 언제 교육할 것인가 /몇 시간 운영할 것인가?
- 장소 : 어디서 교육할 것인가?
- 대상 : 누구를 교육할 것인가/ 참여자는 몇 명인가?
- 강사 : 누가 교육할 것인가?
- 모집, 또는 홍보방법 : 어떻게 알릴 것인가?
- 협력단체 : 누구와 같이할 것인가?

이와 같은 고려요소를 참고하여 추진체계를 수립한다.

5) 프로그램 진행계획을 세운다.

프로그램의 진행은 계획된 대로 실행하는 것이다. 그러나 현장은 늘 변수가 생기기 마련이다. 때문에 계획에 차질이 생기는 경우가 있다. 계획의 변수로 작용하는 자연적인 요소와 인적인 요소가 늘 생물처럼 움직인다. 1차적으로는 자연적 기후적인 요소가 있다. 기상 예측이 부정확할 때도 있기 때문에 늘 대비가 필요하다.

아울러, 지도자와 참여자 등 인적인 요소의 문제가 있을 수 있다. 때문에 대체 지도자가 준비되어 있어야 하며, 참여자의 돌발 상황에 따른 대응 매뉴얼이 작성되어 있어야 한다. 또 현장에서의 문제들에 대해 능동적으로 대응하는 진행계획, 즉 "plan-B"가 늘 준비되어 있어야 한다.

프로그램 계획서를 세부적으로 작성하여, 실행계획의 시나리오를 작성해 두면, 진행에서 차질이 없고, 현장의 변화에 능동적으로 대처할 수 있다. 아울러 계획대로 실행되었는지를 확인하기 위한 체크리스트를 작성하여 현장에서 마무리되는 순서대로 체크해 나가는 것도 필요하다.

6) 프로그램 평가계획을 세운다.

평가는 프로그램을 마무리하는 과정이다. 현장에서 마무리 짓는 간단한 평가에서부터 평가대상, 평가내용, 평가방법 등의 본격적인 평가일정을 세울 필요가 있다. 평가가 잘 이루어지면 평가 그 자체가 다음 계획서의 작성으로 이어질 수 있다.

6

—

[실습 V] 체험환경교육 프로그램 운영

프로그램 운영의 과정

실행은 준비한 대로 진행하는 것이다. 그러나 일반적으로 시설 견학을 통한 생활환경에 관한 체험환경교육은 장소의 변동에 큰 변농이 없으나, 자연환경의 체험활동은 다르다. 기후조건의 변화, 식생의 변화, 곤충이나 새, 포유류 등의 등장으로 인한 변수가 많이 있기 때문에 계획된 프로그램을 그대로 적용하여 운영하기 어렵다. 하지만 기본적인 시나리오가 세부적이면 탄력적인 운영이 가능하다.

성공적인 실행을 위해서는 사전에 예행연습을 할 수 있다면 가장 좋다. 목적과 목표를 점검하고, 프로그램 전반에 대한 사전 리허설을 하는 것이 좋다. 현장 라운딩을 포함하면 더욱 철저한 준비가 될 것이다. 프로그램별로 필요한 교재, 도구 등을 확인하는 등 철저한 준비는 안정감과 자신감을 높여 준다.

설령 계획대로 되지 않는다 하더라도 실망하지 않고, 참여자들의 반응과 요구에 따라 순발력 있는 대응이 필요하다. 중요한 것은 과제와 욕구의 주체가 참여자라는 사실, 문제의 해결과 욕구의 수용이 체험당사자에 의해 이루어진다는 점을 생각할 필요가 있다. 따라서 나 스스로도 체험의 당사자라는 관점에서 '내가 즐거운 것은 남도 즐겁다.'라는 자세가 중요하다.

일반적으로 대부분의 프로그램의 운영은 도입, 전개, 마무리의 프로세스를 갖고 진행이 된다. 도입에서는 운영자의 소개나 체험환경교육의 주제, 방법, 일정, 주의사항 등을 알려주는 사전 오리엔테이션 등을 진행하고, 전개는 계획서에 따른 주제의 현장 체험환경교육이 실시되는 본 프로그램이라고 할 수 있다. 그리고 체험환경교육의 정리를 위한 질의응답, 소감발표, 토의와 간단한 평가 등 마무리로 이어진다.

프로그램 운영 전개방법

1) 도입 : 참가자와의 관계 형성

먼저 참가자와의 신뢰와 우호적인 관계를 형성하는 것이 무엇보다 중요하다. 이를 위해서는 체험환경교육을 위한 성실한 준비물이나 적절한 복장을 통해서 참여자들의 심리적인 계약[13]을 준수하는 것이 필요하다. 참여자들은 지도자를 환경교육전문가로 믿고 만나기 때문이다. 예를 들면, 조류 관찰 프로그램에서 체험지도자가 양복을 입고 쌍안경이나 망원경도 없이 등장한다면, 최소한의 기본적인 자세에서 이러한 심리적 계약이 파기될 수도 있을 것이다.

---

(13) 심리학 용어로서 예를 들면, 사회환경교육지도사는 환경에 대해 많은 것을 알고 있을 것이라는 참여자의 심리적인 믿음과 참여자는 환경교육에 대해 관심을 갖고 참여했을 것이라는 사회환경지도사의 심리적 믿음이라고 할 수 있다.

다음으로 마음을 터놓는 열린 분위기를 만드는 것이 관계형성의 기본이다. 처음 만나는 경우 신뢰감 있는 자기소개와 참여자들에 대한 파악이 필요하다. 흔히 닫힌 마음을 여는 '아이스 브레이킹(Ice breaking)'과 같은 프로그램을 활용할 수 있다.

또, 가벼운 신체적인 활동을 수반하는 체조 등을 통해서 몸을 열고 마음을 여는 것이 중요하다. 이러한 활동은 참여자와 지도자, 참여자와 참여자와의 관계를 재구성하는 과정이며, 체험을 위한 신체적 심리적 감각을 열고 준비하는 과정으로서 반드시 필요하다.

도입에서 중요한 것은 체험환경교육의 주제와 방법, 일정, 주의사항과 같은 간단한 오리엔테이션이다. 참여자들이 체험을 예비할 수 있는 마음의 준비가 가능하고, 호기심과 궁금증을 유발할 수 있도록 하는 것이 다음 프로그램을 이끌어 가는 데 매우 중요하다.

따라서 준비 및 노입기에서 고려해야 할 것은 다음과 같다.

- 체험환경교육을 위한 복장, 도구, 준비물 등은 적절하게 준비하였는가?
- 참가자들은 친밀한 분위기를 조성하며 관계를 형성하였는가?
- 체험환경교육의 주제에 대해 참가자들의 호기심과 흥미를 적절히 자극하였는가?
- 체험환경교육의 테마에 대해 짐작할 수 있도록 설명하였는가?

2) 전개 : 프로그램의 실행

전개는 프로그램을 본격적으로 실행하는 과정이다. 처음 도입에서의 흥미와 호기심을 잘 이끌어가는 것이 프로그램의 효과적이고 효율적인 방법이다. 체험환경교육은 호기심을 이끌어가는 과정이라고 해도 과언이 아닐 정도로, 체험을 잘 유도하는 것이 프로그램의 실행과정이라고 할 것이다.

프로그램을 잘 전개하기 위해서는 흥미로운 소재와 다양한 방법의 체험을 통해서 주제를 감각할 수 있도록 하는 것이 요구된다. 즉, 진행의 흐름에서의 긴장과 이완, 정적인 활동과 동적인 활동, 말로 하기와 몸으로 하기, 듣기와 보기, 익숙한 것에 대해 낯설게 하기, 낯선 것에 대한 접촉, 물리적 각도에 따른 다양한 체험 등 기술적인 요소들이 필요하다.

체험환경교육의 목표는 체험을 통한 환경적 주제의 수용, 체험을 통한 주제의 보편적 공유, 환경인식의 전환, 새로운 환경실천방안의 탐색과 같은 학습과 성장의 과정이 포함된다. 따라서 체험을 통한 관심과 호기심을 통한 주제로의 유도 방안, 구체적 경험의 집단적인 공유와 성찰을 위한 활동방안, 새로운 지적 실천적 탐색 등의 제 요소를 감안하면서 진행하는 것이 필요하다. 전개에 있어서 고려해야 할 요소들은 큰 틀에서 평가항목에 제시된 것들을 유의하면서 실행해야 한다.

- 주제를 고려하여야 한다. 프로그램의 제목과 주제 등이 동떨어진 경우는 성과에 대한 불신으로 이어질 수도 있다.
- 내용과 흐름을 잘 유지하여야 한다. 프로그램의 내용이 결국은 가장 중요한 핵심이다. 다른 기술적 요소들은 이 핵심을 살리기 위한 장치인 셈이다.
- 태도와 자세에 유의하여야 한다. 낯선 장소와 대상에 대한 체험환경교육은 진행자의 적극적인 태도와 자세에 따라서 크게 달라진다.

3) 마무리 : 체험의 통합과 공유

마무리는 도입과 전개를 통해 얻어진 체험의 느낌들을 공유하면서, 성찰하는 시간이다. 이때, 개별적인 체험이 공동체적인 체험으로 되고, 구체적인 체험이 추상적인 보편적 개념을 획득하는 시간이 된다. 마무리는 소감 나누기 등을 통해서 몸으로 얻어진 개별적이고 구체적인 체험이 마음으로 통합되는 중요한 과정이다. 마무리를 통해서 고려해야 할 것은 다음과 같다.

- 마무리 단계에서 체험환경교육 전체의 주제를 재인식할 수 있도록 하였는가?
- 개별적이고 구체적인 경험들이 공유될 수 있도록 내용에 대해 느낀 점 등을 표현할 기회를 주었는가?

프로그램 실행과 운영 기법

앞서 체험환경교육의 전체적인 진행과정을 통해서 기본적으로 유의하면서 고려해야 할 사항들에 대해 정리하였지만, 여기에서는 진행자의 관점에서 좀 더 기술적인 요소들과 그 원칙들을 정리해 본다.

- 미소를 잃지 않아야 한다. 이것은 참여자들과의 긴장을 완화시키고 진행자에게 여유를 갖게 해주는 지름길이다.
- 진행과정 중간중간 전체의 흐름을 안내해준다. 전체의 짜임새와 주제의 일관성을 숙지시키는 것이 좋다. 이를 통해 어떤 이야기가 중요한지 파악할 수 있도록 하고, 참여자들이 계속 집중할 수 있도록 한다.
- 역동적인 자세로 진행하여야 한다. 체험은 야외에서 이루어지는 경우가 대부분이므로, 역동적인 자세는 생동감 있는 체험을 이끌 수가 있

다. 역동적인 자세는 참여자에게 큰 인상을 남기며, 목소리만으로도 최대한의 효과를 달성할 수 있다.

- 개방적인 마음과 자세로 진행하여야 한다. 스스로를 열고 진행할 때, 자신감이 고양되고, 위축된 분위기를 탈피할 수 있다. 특히 망각에 대한 두려움을 버릴 수 있어야 한다.

- 참여자와의 눈 맞춤을 통해 지속적으로 교감하여야 한다. 청중과의 눈 맞춤은 좀 더 편안하고 자연스럽게 이끌어 갈 수 있으며, 참여자의 호응을 이끌어 낼 수 있다.

- 능동적이고 긍정적인 표현을 사용하는 것이 필요하다. '하지마라'라는 부정어보다는 '이렇게 하자'라는 긍정어가 상대방이 수용하기 좋다. 또 수동태의 말보다는 능동태의 말이 더 적극적으로 전달될 가능성이 높다.

- 재미있게 해야 한다. 재미는 호기심과 관심을 끄는 가장 효율적인 수단이다. 체험환경교육은 대체로 비일상적인 경우나 야외에서 이루어지는 경우가 많기 때문에 주변 환경적인 제약요소가 많이 있다. 따라서 체험환경교육의 집중도는 재미있는 요소와 기법이 없으면 기대했던 효과와 목표에 이르기 어려울 수도 있다. 다만 재미는 대상자의 특성에 따라 다르기 때문에 오히려 싸늘해지지 않도록, 다양한 연구와 준비, 방법이 필요하다.

- 질문을 통해 참여자와 연결시켜야 한다. 질문은 참가자를 적극적으로 참여하게 하고 새로운 연결 관계를 형성하여 창의적 사고를 이끌어 내기 위한 방법이다. 체험환경교육 프로그램을 진행하기 위해서는 효과적인 질문을 미리 몇 가지 구성해 놓는 것이 좋다. 그러나 아무리 예리한 질문이라도 상대방의 마음을 상하게 하는 질문은 제외하여야 한다.

7

[실습Ⅵ] 체험환경교육 프로그램 평가

프로그램 평가의 의의

- 평가(피드백)의 의의

피드백이 없는 활동은 오래 지속될 수 없다. 즉 피드백(되먹임) 구조가 없는 생태계는 반드시 그 복원력을 상실할 수밖에 없다. 이것은 자연의 원리이기도 하고 사회의 원리이기도 하다. 이 원리는 체험학습의 평가에서도 적용이 된다. 평가를 통한 피드백이 잘 이루어지는 것이 지속가능성과 발전을 가져오기 때문이다.

일반적으로 학습평가는 목표와 내용과 학습경험을 마무리 짓는 마지막 과정이면서도, 이것은 곧 새로운 목표와 계획을 위한 시작이기도 하다. 이 과정은 체험환경교육에서도 그대로 적용된다. 즉, 체험환경교육의 목표, 내용 선정, 체험교육, 체험의 평가로 일단의 모든 과정이 마무리되는 것이다. 또, 이 평가는 다음 체험환경교육의 기획이자 계획이 된다.

체험환경교육의 평가 목적은 계획단계의 구상과 프로그램 기획과정의 전반적인 성과를 평가하고, 실행단계의 방법을 개선하며, 활동 의욕을 고취시키는 데 의의가 있다. 평가는 계획(Plan), 실행(Do) 단계에서의 각 활동의 목표와 내용을 더 명료화하여 방법을 개선하는 데에도 도움을 주고, 다음 체험환경교육 프로그램의 기획과 계획의 출발점을 마련해 준다.

이러한 과정은 체험환경교육에 참가한 모든 참여자(운영자, 참여자, 참여기관 등)들로 하여금 자신들의 활동 결과를 성찰해볼 수 있는 기회를 주고, 개선점을 찾는 데에도 기여한다.

평가의 영역과 방법

체험환경교육의 평가 방법은 여러 측면이 고려되어야 할 것이다. 즉, 일반적으로 과정에 관한 평가, 그리고 무엇이 달성되었는가를 기준으로 판단하는 최종평가(management by objectives=MBO)가 있는데 이는 대체로 양적인 달성도의 평가측면에서 바라본다.

즉 참여자의 수라든가, 수익액 등과 같은 것이다. 한편 질적인 측면에서 품질평가, 평가주체에 따라서 참여자와 운영자의 평가 등이 있는데, 이러한 체험환경교육이 갖는 다양한 측면을 고려하여, 새로운 평가기준들이 요구된다고 할 수 있다. 즉, 일반적으로 활용하는 양적인 평가들뿐만 아니라 이러한 질적인 측면들이 고려되어야 하는 것이다.

때문에 일반적으로 경영지표 개선에 많이 활용되고 있는 BSC 평가방안도 고려해 볼 수 있다. BSC(Balanced Scorecard)는 일반적으로 경영성과 평가에서의 수익을 기준으로 평가하던 지표를 넘어서, 재무와 비재무, 결과와 원인, 단기와 장기, 내부와 외부 관점의 성과지표를 고려함으로써, 조직의 장단기 경영 성과를 균형 있게 관리하기 위해 고안된 툴이다.

BSC를 활용한 체험환경교육의 평가가 이루어진 경우는 없는 것으로 보이나, 환경교육 프로그램 인증제 개선연구[1] 등에서 처음으로 시도된 바 있다. 예를 들면 체험환경교육 프로그램을 수행하는 과정은 참여자의 만족도와 같은 수혜자 관점만이 아니라, 당장은 성공했다고 볼 수 있으나 지속성을 저해하는 일반적인 비용의 적자적인 요소와 같은 수익성의 관점은 물론, 사회환경교육지도사의 학습과 성장의 관점, 참여기관의 발전 등을 반영한 균형 있는 평가를 시도한 것이다.

평가는 프로그램 전체를 생태학적 관점에서 보면, 순환의 과정이다. 다양한 방법과 도구를 통해서 새로운 목표와 과정을 만드는 출발점이기도 하기 때문에 여러 가지 맥락을 고려하여 평가의 지표를 개선하고 도구를 만들어나갈 필요가 있다.

프로그램 시연에 대한 평가 틀과 내용

평가는 위와 같이 종합적이고 입체적인 방법을 통해서 이루어져야 한다. 다만, 여기에서는 사회환경교육지도사 3급 교육과정의 실습교육인 체험환경프로그램의 기획과 개발, 발표 혹은 시연의 과정을 평가함으로써, 현장적 응능력을 제고하는 데 목적이 있다. 다음의 평가를 위한 양식은 기본적으로는 시연에 대한 평가를 목적으로 작성된 틀로서, 기획, 운영, 평가의 전 과정에 대한 양식은 아니다.

아래 〈표1〉은 숲해설가 전문 과정에서의 시연평가 항목을 그대로 예시한 것으로, 사회환경교육지도사의 체험환경교육의 시연평가를 위한 틀은 재구성할 필요가 있다. 즉, 환경교육적 가치와 목적에 대한 주제적 특성은 물론,

해설, 체험, 교육 등 체험환경교육의 방법에 관한 평가의 내용을 보완하여
사용할 수도 있을 것이다. 아울러 재활용, 에너지, 기후변화 등의 체험환경
교육 프로그램 운영의 평가를 위해서는 공간에 대한 평가내용도 포함되어
야 할 것이다.

표1. 숲 해설 시연평가서: 산림문화콘텐츠연구소 숲해설가 전문 과정

교육생			평가자		
프로그램명					
영역	소영역	세부 평가 내용		배점	평가
기획	기획안	o 기획안을 성실하고 적절하게 작성하였는가?		20	20
준비 및 도입	사전준비	o 해설을 위한 준비물, 복장 등은 적절하게 준비하였는가?			
	참가자와의 관계형성	o 참가자들을 반갑게 맞으면서 친밀한 분위기를 조성하였는가?			
	관심유발	o 해설 주제에 대해 참가자들의 흥미와 관심을 잘 유도하였는가? o 해설의 테마에 대해 짐작할 수 있도록 설명하였는가?			
	소 계			10	10
전개	테 마	o 참가자의 특성을 고려할 때 흥미를 유발할 수 있는 테마를 선정 하였는가? o 전체 테마에 잘 부합하는 소재와 내용을 선정하였는가? o 전달하려고 하는 테마(메시지)는 구체적이고 명료하였는가? o 해설 장소가 선정된 테마를 잘 반영하였는가?			
	흐 름	o 전달하고자 하는 정보의 양이 적절하였는가? o 테마와 상관없는 잡다한 지식을 열거하지 않았는가? o 앞에서 해설했던 내용과 연관 지어 테마를 이어갔는가? o 집중과 이완, 정적활동과 동적활동의 배치를 적절하게 하였는가?			
	내 용	o 전달한 내용이 과학적으로 정확하고 오류가 없었는기? o 흔히 볼 수 없는 대상지만의 특성을 잘 살렸는가? o 대상지의 계절적, 시간적 변화를 잘 감지하여 반영하였는가? o 외부자료 외에 해설가 자신의 구체적인 경험을 반영하였는가? o 참가자의 일상적 경험과 연관 지어 설명하였는가?			

	진행기술 및 태 도	o 흥미로운 질문, 이야기로 관심을 유도·주의를 집중시켰는가?		
		o 모든 참가자가 볼 수 있는 위치에서 해설하였는가?		
		o 가능한 많은 참가자들에게 골고루 관심을 기울였는가?		
		o 시간을 효과적으로 안배하고 한 장소에 오래 머물지 않았는가?		
		o 이동 중에 참가자의 관심과 찾을 거리를 제시하였는가?		
		o 해설의 전 과정에 걸쳐 열의와 진지함을 보였는가?		
		o 모든 질문에 항상 성실히 모든 참가자에게 대답하였는가?		
		o 잘 모르는 부분에 대해 기만하지 않고 솔직하게 답하였는가?		
		o 시청각 자료나 보조 교재를 효과적으로 활용하였는가?		
		o 해설 장소로 안전하고 사고의 위험이 없는 곳을 선정하였는가?		
		o 뜻하지 않은 일이 벌어졌을 때 당황하지 않고 잘 대처하였는가?		
	소 계		70	70
마무리	요약 및 정리	o 정리하면서 해설 전체의 테마를 적절히 강조하였는가?		
	표현 및 공유	o 체험한 내용에 대해 느낀 점 등을 표현하고 공유할 기회를 주었는가?		
	소 계		10	10
총 계			100	100

프로그램 평가 및 제언

교육실천가를 위한 사회환경교육론 2

체험환경교육

1 체험환경교육은 "학습자들로 하여금 환경에 대한 이해의 폭을 넓히고 감수성을 증진시키기 위한 이론과 지식의 전달은 물론 환경보전활동 및 환경문제해결에 직접 참여하여 느끼고 실천할 수 있는 모든 교육활동과 이를 지도할 수 있는 지도자 양성, 교육시설 개발 등 학습자 중심의 환경교육을 위한 제반활동"이다.

2 체험환경교육의 가치는 환경위기 시대의 문명의 좌표를 몸으로 익히는 데 있으며, 특히 '복제성'을 기반으로 하는 스마트 교육, 온라인 교육 등의 디지털의 사이버 세계가 심화되는 가운데, 현실 세계에서의 아날로그의 '원본'으로서 '체험'을 통해 얻어지는 내면화된 지식을 체득하는 데 있다.

3 체험학습 효과의 의의는 학습자들의 호기심을 자극하며(직접성, 구체성) 그들의 주변 생활환경은 물론 나아가 자연환경을 이해하면서, 자신과 환경과의 새로운 관계를 형성하게 하며(상호성, 관계성), 개인적이고 주관적인 '체험'을 통한 사고와 행동의 범위확장과 (주체성) 스스로 학습하는 적극적인 태도를 습득(실천성)하고, 나아가 자연 속에 존재하는 인간으로서의 자아의식을 높여주고 새로운 가치관에 입각한 인격 또는 인품을 형성해 나가는 데 도움을 주는 데 있다.

4 체험환경교육의 역사는 오래되지 않으나 환경교육의 핵심적인 활동이자 방법론으로서 발전해왔으며 교육 분야에서의 창의체험학습 등 교육정책변화와 함께 최근 10여 년 사이 제도적으로는 환경교육진흥법 제정 및 시행, 자연환경해설가, 사회환경교육지도사 등 자격 관련 제도 도입, 환경교육 프로그램 인증제도의 도입 등 질적 양적으로 발전되어 왔다.

5 체험환경교육의 특징과 방법은 생태학적 원리에 기초하여, 정체성, 관계성, 순환성, 역동성, 다양성, 통합성, 발전성을 담아내는 것이며, 그 원리는 자연은 서로 연결되어 있으며, 서로 피드백 구조를 갖고 발전해 나가는 원리를 프로그램에 구현하는 것이다.

6 체험환경교육은 환경에서의 전인적이고 통합적인 발전을 도모하며, 자연을 통해 얻은 심미적 감각의 원천을 기반으로 사회의 아름다움을 추구하고, 개인의 진, 선, 미의 덕성을 높이는 기반이 된다.

참고문헌

1. 김인호(2013). "환경교육 프로그램 인증제 효과성 및 발전방향 연구", 환경보전협회.

04

사회환경교육지도사의
역할과 진로탐색

■ 교과목 개요

• 사회환경교육지도사의 직무를 이해하고, 그 진로를 모색한다.

• 환경교육직무의 이해를 통해, 환경교육을 통한 환경봉사자, 환경교육가, 환경운동가, 환경사업 가 등의 다양한 활동영역에 대한 이해를 높이고, 진출기회와 공간을 모색하는 역량을 기른다.

■ 교육목표

• 환경교육지도자 : 사회환경교육지도사의 역할을 이해한다.

• 사회환경교육지도사의 품성과 자세를 도출해본다.

• 환경교육자 : 사회환경교육지도사 등의 진로영역을 모색하고 확장하는 역량을 기른다.

■ 교육내용

1. 사회 환경교육자의 역할과 진로탐색	〈핵심개념〉 • 사회 환경교육의 영역과 활동의 이해 〈세부목표〉 • 사회 환경교육의 배경을 이해하고 그 역할과 진로에 대한 인식을 심화한다. • 환경봉사, 환경교육, 환경운동, 환경사업 등의 환경활동에 대한 이해를 도모한다.
2. [실습 I] 사회 환경교육자의 활동현황과 사례	〈핵심개념〉 • 사회 환경교육자의 활동현황과 사례 〈세부목표〉 • 사회 환경교육자의 활동현황과 사례를 조사하면서 사회 환경교육자의 진로를 모색한다. • 사회 환경교육자의 다양한 진로영역을 발굴해 본다.
3. [실습 II] 사회 환경교육자의 활동현장과 탐방1	〈핵심개념〉 • 환경교육 현장 실습 1 : 단체 및 기관탐방 실습 〈세부목표〉 • 사회 환경교육자의 활동현황과 경험의 공유를 위해 사회 환경교육자의 현장을 탐방하고 그 실태를 파악한다. • 사회 환경교육자의 다양한 진로영역을 모색하는 시사점을 파악한다.

4. [실습Ⅲ] 사회 환경교육자의 활동현장과 탐방2	〈핵심개념〉 • 환경교육 현장 실습 2 : 사회적 기업, 개인 활동가의 탐방 〈세부목표〉 • 사회 환경교육자의 활동현황과 경험의 공유를 위해 사회 환경교육자의 현장을 탐방하고 그 실태를 파악한다. • 사회 환경교육자의 다양한 진로영역을 모색하는 시사점을 파악한다.
5. [실습Ⅳ] 사회 환경교육자의 인생탐구 : 심층인터뷰	〈핵심개념〉 • 사회 환경교육자의 인생탐구 : 현장 실습 3, 토론 〈세부목표〉 • 사회 환경교육과 관련된, 운동단체, 교육단체, 사업단체 등의 단체 활동가, 전문가의 활동 경험과 이력을 통해 그 역사를 이해한다. • 사회 환경교육자의 인생탐구를 통한 다양한 진로영역의 좌표를 설정한다.
6. [실습Ⅴ] 사회 환경교육자의 자기성찰 : 환경, 교육 그리고 나	〈핵심개념〉 • 자기성찰 : 환경, 교육, 그리고 나 〈세부목표〉 • 사회환경교육지도사로서의 미션과 비전을 그려 본다. • 사회환경교육지도사의 다양한 진로영역을 위해, 스스로의 실천방안을 모색한다.

1

—

사회 환경교육자의 역할과 진로탐색

사회 환경교육의 영역과 범주

환경교육은 대상의 영역에 따라 크게 학교 환경교육과 사회 환경교육으로 구분하고 있다. 학교 환경교육은 학교의 제도권 교육 체계 속에서 이루어지는 환경교육이며, 사회 환경교육은 학교 환경교육을 제외한 환경교육을 뜻한다. 따라서 사회 환경교육은 학교를 제외한 정부나 공공기관, 민간단체, 언론사, 개인이나 기업 등에 의해 이루어지는 모든 환경교육을 포함한다고 할 수 있다. 환경교육의 대상으로 보면, 학교 환경교육은 대체로 학생을 대상으로 이루어지지만, 사회 환경교육은 학생들을 포함하여 그 대상 계층이 생애주기별로 다양하다고 할 수 있다.

사회 환경교육의 범주 또한 학교 환경교육의 범주보다 훨씬 다양하게 분류될 수 있다. 학교 환경교육은 통합교육이라는 방법을 활용할 수도 있지만, 기본적으로 교과목으로 세분화된 영역을 벗어나기 어렵고, 주제적 특성이 과목의 영역을 넘어서 다루기 어려운 측면이 있다.

교육실천가를 위한 사회환경교육론 2

표1. 사회 환경교육의 범주

범주 영역	주요 구분	주요 내용	세부 활동
주제에 따른 범주	자연환경교육	산림환경교육	숲 체험, 공원, 숲 학교 운영
		해양환경교육	해양쓰레기, 해양생태
		강/습지 환경교육 등	강, 갯벌, 습지호수 교육
	생활환경교육	먹을거리/논/텃밭 교육	먹을거리/논 생태, 텃밭
		자원순환교육	쓰레기, 소각장/물, 정수장
		기후변화/에너지 교육	기후/원자력/신재생에너지 교육 등
	지속가능교육	통합적 지역사회 환경교육 등	다문화/평화교육/진로체험/적정기술 교육 등
대상에 따른 범주	유아환경교육	유치원/어린이집	어린이집/지역사회 관찰
	청소년 환경교육	학교 및 지역사회	푸름이 이동교실/환경캠프/자유학기제 진로체험 등
	시민환경교육	평생교육, 시민교육강좌 등	주부환경교실/환경봉사활동
	장애인, 외국인 등 특수 환경교육	특수 환경교육	시청각/지체장애인 등 자연체험활동 교육 등
전문성에 따른 범주	시민환경교양강좌	소양교육/주부환경교실	환경감시원 교육 위해 식물 모니터링 교육
	사회환경교육지도사 자연환경해설사	국가 및 민간자격교육 등	전문가양성교육/환경교육관련 직업교육
	공무원, 교사 직무교육	직무연수 등	환경교사/ 환경공무원 전문성제고 연수 등
주체에 따른 범주	개인	환경 관련 전문가	개인 숲 학교, 생태학교 등의 운영
	민간단체 및 기업	환경단체/언론/환경기업, 사회공헌 환경사업 등	환경단체 시민교육 /언론의 환경교양 콘텐츠 서비스/기업의 환경 CSR 활동
	정부 및 공공기관	환경교육홍보단	정부/공공기관의 환경교육홍보 및 교육 지원

〈표 1〉은 사회환경교육지도사의 진로활동에 참고하기 위하여 사회 환경교육의 활동영역을 환경교육의 주제, 환경 교육의 대상, 환경교육 내용의 전문성, 그리고 환경교육의 주체에 따라 구분한 것이다. 이 범주들의 조합에 따라 사회환경교육지도사 활동 영역은 매우 다양한 확장성을 갖게 될 것이다.

사회 환경교육은 기본적으로는 자연환경과 생활환경을 주 영역으로 삼고 있지만, 나아가 환경을 매개로 하는 사회교육, 평화교육, 다문화교육, 진로 체험 등의 다양한 범주를 포괄할 수 있는 측면이 있다. 즉, 사회 환경교육은 일반적으로 미리 정해진 교육과정과 교과서를 기준으로 하는 학교환경교육과 달리 비교적 자유롭고 다양한 주제, 내용, 형식을 갖는다.

아울러 사회 환경교육은 지도자의 교수가 중시되는 학교 환경교육과 달리 학습자의 참여와 자발성이 중시되며, 교육자는 지식의 전달자라기보다는 학습자가 자연스럽게 체험을 통해 교육의 주제와 목적을 이해할 수 있도록 지원하고 촉진하는 코디네이터의 역할이 중시된다.

때문에 사회 환경교육의 주체, 대상, 형식은 물론, 주제와 소재도 다양하여, 그 영역과 역할은 다른 그 어떤 전문가보다도 다양한 지식과 기능을 요구한다고 할 수 있으며 그만큼 통합적 확장성을 갖는다.

사회환경교육지도사의 진로 영역의 이해

1) 사회 환경교육의 활동 분야와 진로

최근 환경강사, 생태안내자, 숲해설가, 갯벌생태안내인, 마을해설가, 농촌체험지도사, 도시농업활동가, 텃밭지도자, 자연환경해설사 등 예전에 없던 직업이나 활동가가 많이 생겨나고 있다. 물론 이런 현상은 우리가 다루고 있는 환경교육 분야만이 아니다. 네일 아티스트, 컴퓨터 프로그래머, 앱 제작자, 소셜커머스 품질관리사, 반려동물 미용사, 가상여행기획사, 노인말벗도우미 등등 각양각색의 직업군들이 생겨나고 있다.

생겨나고 있는 직업만 있는 것은 아니다. 이미 버스 안내양, 양복재단사,

물장수, 전화교환원, 필경사, 굴뚝청소부, 타이피스트, 조산사, 영화간판 극장화가 등의 직업은 역사 속으로 사라졌다. 지금 문명의 진화속도에 비추어 볼 때 앞으로 더 많은 직업들이 빠르게 소멸되어 갈 것이다.

인류의 문명사를 직업이나 사회활동의 측면에서 보면 직업의 다양성 혹은 가치 다양성의 역사라고 해도 될 것이다. 기나긴 자연사 속에서 생물 종 다양성 획득의 역사가 있듯이, 인류는 자연의 생태적 다양성을 반영한 사회적 다양성과 문화다양성을 획득해왔고, 그 다양성만큼의 직업도 창출해 왔기 때문이다.

아마도 사회 환경교육의 확장 영역과 그 범주에 따라 사회환경교육지도사의 역할과 활동 다양성도 달라질 것이다. 즉, 사회 환경교육이 어떤 정체성을 갖고 그 활동 영역과 범주를 세워나가느냐에 따라 사회환경교육지도사의 진로 방향이 세워질 것이기 때문이다.

자연환경의 구체적인 활동 영역과 범주(숲, 하천, 갯벌, 조류, 야생동물, 버섯, 생태계, 환경윤리 등)와 생활환경의 구체적인 활동 영역과 범주(폐기물, 대기환경, 수환경, 에너지, 기후변화, 먹을거리 등) 그리고 더 나아가 다문화, 평화, 민주주의, 환경정치, 인권과 생명권 등의 사회적 영역이자 지속가능발전교육의 영역과 그 범주, 그리고 경제, 지속가능개발, 환경기술 등의 경제적 영역과 범주 등을 통해 사회환경교육지도사의 직무와 진로가 모색될 것이다.

따라서 사회 환경교육의 궁극적인 목적을 실현하기 위한 구체적 활동 영역과 범주 아래에서 사회 환경교육의 직무의 체계적인 분석과 그 활동의 깊이 있는 이해를 통해 사회환경교육지도사의 진로는 심도 있게 모색되어야 할 것이다. 아울러 사회환경교육지도사의 진로탐구를 위해서는 현재 법으로 정해진 사회환경교육지도사의 자격 급수에 따른 체계적인 발전방향과 연동하여 그 직무와 활동을 이해하는 것이 더 바람직할 것으로 보인다.

    사회환경교육지도사의 자격 수준을 환경교육 프로그램을 수행하는 수준, 환경교육 프로그램의 기획과 실행의 수준, 환경교육 프로그램을 체계적으로 조직화하고 경영하는 수준으로 구분한다고 했을 때, 사회환경교육지도사의 직무 관련 활동 분야와 영역은 다음 표와 같은 구조로 이해할 수 있다.

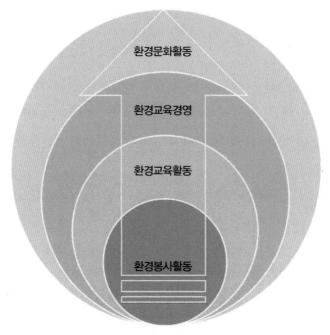

그림1. 사회 환경교육의 주요 활동의 영역

    가장 기초적이고 핵심적인 활동으로는 환경봉사활동의 영역이 있을 것이고, 다음으로는 환경교육활동, 그리고 환경교육과 관련된 기획 경영, 사업 등으로 활동을 구분해 볼 수 있을 것이다. 더 나아가서는 환경과 관련된 정치적, 경제적, 사회적 영역 등을 포괄하는 분야로 나누어 볼 수 있다. 여기에서는 이와 같은 큰 틀에서의 사회환경교육지도사의 직무관련 활동 분야를 중심으로 그 진로와 방향을 검토해 본다.

2) 환경봉사활동

환경봉사는 봉사활동의 대명사처럼 연상되곤 한다. 이것은 아마 봉사활동의 가장 보편적인 이미지로 어깨띠를 두르고 쓰레기를 줍는 장면을 주로 떠올리기 때문일 것이다. 그런데 이러한 환경봉사활동은 사회 환경교육과 직접적이고 구체적으로 연결되어 있으며, 가장 기초적이며 핵심적인 영역이다. 위 그림에서 환경봉사활동을 중심에 놓은 것도 그 이유이다.

자원봉사, 볼런티어(volunteer)라는 용어의 어원은 인간의 자발적인 의지를 나타내는 라틴어 "voluntas"에서 나온 것이다. 따라서 자원봉사는 기본적으로 자발적인 활동에 근거하고 있고, 어떤 강제에 의하지 않은 자유로운 활동을 의미한다.

일반적으로 정의한다면 "자원봉사는 복지 향상을 위한 휴머니즘과 사회연대의식에 기초하여 자발적으로 비공식적 또는 공식적 자원봉사 기관에서 계획되고 의도된 실천노력" 또는 "우리 사회를 구성하는 구성원들이 더 인간답고 행복하며 건강하게 살도록 하기 위한 모든 자발적인 활동"이라 할 수 있다.[1]

그런데 환경봉사는 경우에 따라서는 인간의 복지뿐만이 아니라 생태계의 다양한 생명체들의 복지까지도 고려하는 활동을 포함한다. 이러한 활동은 휴머니즘을 넘어선 생명연대의식에 기초한 자원봉사활동이라고 할 수 있을 것이다. 새집 달아주기 봉사활동, 겨울철 야생동물 겨울나기 지원활동, 생태교란종으로 판단되는 위해식물의 제거 활동과 같은 생태보전 봉사활동이 있고, 유기견 보호활동과 같은 동물복지를 위한 자원봉사도 넓은 의미의 환경봉사활동에 포함될 수 있을 것이다.

우리나라의 시민사회단체들 중에서는 주목적이 환경봉사인 단체도 많이 있다. 이익단체의 경우에도 표면적으로는 환경봉사를 내세우는 경우도 있는데, 이러한 단체의 대부분은 쓰레기 줍기 같은 단순 환경정화활동을 하거나, 수질오염원 청소활동과 같은 전시적 활동이 대부분인 경우도 있다. 물론 이러한 환경봉사활동도 큰 의미가 있을 것이다.

그러나 환경봉사활동이 환경교육적 의미를 가지려면, 현상에 드러난 환경오염의 문제를 통해 발생하는 환경문제의 통합적 인식을 제고시키고, 그 문제를 일으키는 사회의 구조적인 문제라든가 정책적, 기술적 해결방안과 같은 환경지식과 태도, 그리고 실천적 개선방안까지도 고려해야 한다.

일반적으로 봉사활동은 비전문적인 것으로 다루어지는 경향이 있다. 그러나 환경봉사활동은 자발성, 무보수성의 성격을 갖고 제공되는 '전문적'인 사회 환경교육활동의 영역으로서 다루어져야 할 것이다. 생태보전 등의 환경봉사는 환경윤리는 물론 환경지식, 기술 등과 밀접한 관련이 있으며, 환경봉사활동의 철학적 기초는 물론 환경지식과 기술을 필요로 하는 분야이기 때문이다.

앞서의 단순한 환경봉사 활동의 경우도 더 체계적으로, 지속적으로, 대안을 갖고 발전적으로 사회 환경교육적 접근이 이루어진다면, 단순한 봉사활동에 그치지 않고, 환경문제 해결의 실마리를 제공하는 전문성을 갖게 될 것이다. 때문에 사회환경교육지도사의 가장 핵심적이고 중추적인 활동 영역이 환경봉사활동이다.

3) 환경교육활동

환경문제의 구조적, 전체적 인식을 위해서 반드시 공부가 필요한 경우도 있다. 우리의 피부에 감각되지 않는 다양한 물질들에 대한 이해는 학습이 수반되지 않으면 이해가 되지 않는 경우가 많기 때문이다. 이를테면 냉장고의 프레온가스가 어떻게 해서 환경오염을 일으키는지, 가정에서 '깨끗하게' 사용된 전기는 쓰레기가 나오지 않는 건지, 온실 가스나 지구온난화가 무슨 문제인지, 신재생에너지는 왜, 어떻게 필요하고 만들어지는지 등의 많은 공부가 필요한 세상이다.

최근 기후변화강사, 환경강사, 에너지강사, 텃밭강사, 도시농업전문가, 생태강사 등의 활동가가 늘어난 것은 이러한 환경문제에 대한 대응의 필요성과 교육의 중요성을 반증한다고 할 것이다.

한편으로는 환경교육이 중·고등학교에서 거의 다뤄지지 않고 있을 정도로 정책적으로 소홀히 되고 있는 상황, 그리고 환경교육이 학습지 시장처럼 비용 대비 효율이 높아서 돈이 벌리는 일이 아닌 상황에서, 이러한 사회문제를 극복하고자 대두되고 있는 제3섹터, 즉 비영리민간사회단체나 사회적기업 등에서 이러한 활동이 지속적으로 이루어지고 있는 것은 필연적인 귀결이라고 할 것이다.

표2. 독일의 환경교육 주체별 구성 비율[2]

기관	구성 비율(%)	기관	구성 비율(%)
환경단체/NGO	20.9	관청	8.8
환경/자연보호센터	13.6	기업	6.3
일반사회단체	10.6	연구기관	4.0
시민대학	10.5	박물관	4.0

더구나 학교환경교육에서 다루기 어려운 지역사회 참여형 환경교육의 경우처럼 시민사회단체에 의해 이루어져야 더욱 효과적인 환경교육이 많다는 점도 작용을 한다. 〈표 2〉처럼 환경교육의 선진국이라고 할 수 있는 독일의 경우 환경단체가 사회 환경교육기관 구성 비율에서 가장 큰 비중을 차지하고 있다. '독일 사회 환경교육기관에 대한 평가'라는 연구보고서에 따르면,

독일에는 4,600개 이상의 사회 환경교육기관이 있으며, 사회 환경교육의 주체는 환경단체, 자연보호/환경 센터, 시민대학, 유치원, 기업, 박물관, 동물원, 정당, 교회, 관청, 환경부 등이다.

4) 환경사업과 지속가능발전가능교육

환경사업가들은 녹색의 미래는 지역적이면서, "사업적"이라고 주장한다.[3] 환경문제는 궁극적으로 생활을 통해서 해결해 나가야 한다는 측면에서 보면, 환경은 곧 사업이고 비즈니스인 것이다. 우리나라의 경우 환경교육을 프로그램과 콘텐츠로 사업화한 경우는 아직 미미하다.

아직 환경교육이 비즈니스 모델이 되기 어렵기 때문이지만, 해외에서는 다양한 모델을 개발하여 교육서비스를 제공하고 있다. 이를 테면, 서울시 도시농업지원센터의 자료 기사에 따른 미국 뉴욕시의 도시농업 비즈니스 모델의 사례를 들 수 있다. 미요라 카터는 '옥상 농장(roof farm)'을 통해 환경교육적인 사업을 하는 사람이다. 놀고 있는 옥상에서 농사를 짓겠다는 아이디어를 통해, 옥상 농장에서 도시 주민들과 지역 식당에 공급할 유기농 야채를 생산했다. '옥상 농장'은 빗물을 흡수하여 건물의 침수를 막아주고 열 손실을 방지하여 연료비 절감 효과를 몸으로 체득하는 체험적 환경교육이다. 아울러 대도시의 기온 상승을 막고 대기 정화에도 기여했으며 가족과 아이들이 놀 만한 공간을 확대했다는 점에서 살아있는 환경교육인 것이다. 이런 점들이 인기를 얻으면서 옥상 농장이 기업 건물과 주택으로 확산되기 시작했고, 옥상 농장을 조성하는 운동에 전과자나 갱단 출신자, 그리고 노인들에게 일자리를 제공했다. 이런 활동의 결과, 범죄율이 낮아지고 지역 경제가 살아났으며 동네 아이들의 천식이 줄었다고 한다.[4] 이러한 사례야말로 환경과 사회의 문제를 함께 풀어가는 지속가능발전교육의 살아 있는 예시라고 할 수 있을 것이다.

최근에는 우리나라에도 이러한 환경교육기업, 환경교육 사회적 기업들이 다양하게 생겨나고 있다. 지역사회의 공원 녹지를 생태교육공간으로 적극적으로 활용하여 자연환경교육을 교육서비스로 제공하는 '풀빛문화연대'나 폐현수막을 재활용하여 다양한 형태의 자원순환교육과 제품을 서비스하는 생활환경교육의 '터치포굿'이 대표적인 사례이다.

이처럼 사회 환경교육의 활동 영역 또한 환경사업의 영역으로까지 확장될 수 있다는 것에 사회환경교육지도사도 관심을 가져야 할 것이다. 사회환경교육지도사 1급의 경우 교육과정에도 사회 환경교육의 경영, 기획, 마케팅 영역을 포함하고 있다.

환경교육은 환경교육 그 자체로만 이루어지는 것이 아니라, 경제적 문제와 사회적 문제가 밀접하게 연관되어 있어야 한다. 환경문제는 빈곤의 문제와 떼려야 뗄 수 없으며, 평화의 문제와도 직결되어 있다. 평화를 시장의 관점에서 접근하여 시장이 활성화되면 평화의 수요가 늘어난다고 보듯이, 환경교육의 수요도 같은 관점을 가질 수 있을 것이다. 지역 생태관광 등은 지역 빈곤의 문제와 적정기술을 통한 환경문제의 해결을 동시에 요구한다. 환경교육은 "환경 넛지"[14]의 창의적 발상력을 길러주는 일이다. 이를테면 계단에 칼로리 소비와 전력절감 표시를 하여 자연스럽게 엘리베이터를 타지

---

(14) 넛지(nudge)란 원래 '가볍게 옆구리를 쿡 치다'는 뜻으로, 올바른 선택으로 행동을 유발하는 자연스러운 상황을 연출하도록 하는 것이다. 예를 들자면 쓰레기 분리수거가 잘 안 되는 경우 재활용 박스를 투명한 누드 쓰레기통으로 분류해두면, 자연스럽게 그 속에 투입하게 되거나 쓰레기를 함부로 투기하는 곳에 예쁜 꽃을 심어놓으면 자연스럽게 그 공간이 청결하게 되도록 하는 것이다. 이 단어는 행동경제학자인 리처드 탈러 시카고대 교수와 선스타인 하버드대 로스쿨 교수가 함께 지은 『넛지』라는 책으로 널리 알려지게 된 개념으로, 특히 환경부의 '환경넛지' 공모전을 통해 활용된 바 있다.

않고 운동도 하고, 에너지를 절감하도록 유도하는 것이다.

지속가능발전교육은 환경 + 경제 + 사회의 영역을 관통하는 교육이다. 따라서 사회환경교육지도사는 본질적으로 지속가능발전의 교육자가 되어야만 한다. 지속가능교육의 방법은 단순한 생태, 관념적 생태가 아니라 환경이 삶의 문제를 함께 다루는, 사회적으로 지속가능하고 생명의 윤리와 정의를 함께 다루는 생태적 경제 속에서 구해야 할 것이다. 즉, 단순히 환경개발의 문제를 제기하는 것이 아니라 지역사회와 함께 가는 민주주의와 평화, 다문화의 포용과 같은 교육이 포함되어야 하며, 이는 사회 환경교육의 확장형이라고 할 수 있다. 생태적 다양성에서 인종의 다양성, 언어다양성, 문화다양성, 직업종 다양성, 사회다양성으로 나아가는 사회 환경교육이 되어야 하는 것이다. 이것은 사회환경교육지도사의 발전적 진로와도 연계된다.

사회 환경교육의 영역은 숲과 하천, 습지 등의 자연생태계에 관한 교육과 에너지, 폐기물, 불 문제, 빛 공해, 소음 등의 생활환경에 관한 교육은 물론, 생활환경과 자연환경이 만나는 텃밭, 도시농업의 영역을 포함한다. 아울러, 환경과 경제가 만나는 환경기업, 환경 사회적 기업, 환경과 사회가 만나는 환경문화, 환경예술, 환경정치, 환경정책 등도 사회 환경교육의 영역이라고 할 것이다.

5) 환경연구 / 환경정책

환경문제는 인간사회의 이해관계와 밀접하게 관련되어 있다. 환경오염의 주체가 인간사회이기 때문에 인간사회의 문제를 풀기 위해서는 복잡다단한 이해관계를 해결하지 않으면 안 된다. 다양한 입법 활동은 환경문제를 해결하고 사회 환경교육을 촉진하는 중요한 과제이다. 행정의 경우도 지역의 공원 관리나 환경교육시설의 운영에 있어서 환경 단체나 활동가의 전문성, 지역주민의 의견을 반영하는 "환경 거버넌스"[15]를 구축하여 행정을 펼치는 사례를 볼 수 있다.

환경문제 해결을 위해서는 환경교육연구 등을 통해서 시민들의 환경교육 수요와 지향을 파악하고 방향과 미션을 잡아나가는 것이 중요하다. 환경연구는 궁극적으로 환경문제 해결의 방향과 방법을 제시하는 일이다. 사회 환경교육의 경우도 조사연구를 기반으로 한 사회 환경교육의 수요와 욕구를 분석하고 그 욕구에 기반을 둔 콘텐츠의 개발과 서비스 방안 등을 연구해야 한다. 환경정책의 연구 및 개발은 전문가들만의 몫이 아니라 사회 환경교육의 중요한 영역 중의 하나라고 할 수 있을 것이다.

사회환경교육지도사의 자격

• 사회환경교육지도사의 직무 이해

현재 해설 및 환경교육 분야의 전문 인력 양성을 위한 자격으로는 자연환경해설사, 숲해설가, 문화관광해설사, 농어촌마을해설가, 갯벌생태안내인 등이 있고 이는 환경부, 산림청, 문화관광부, 농림수산해양부 등 법률 소관 부처에서 관장하고 있다.

사회환경교육지도사는 환경교육진흥법에 근거하여 만들어진 제도로서, 환경교육 프로그램을 기획, 진행, 분석, 평가하고 환경교육을 수행하는 사람

---

(15) 일반적인 통치와 행정개념의 거번먼트(정부)와 구별되는 용어로서 시민사회의 행위자들을 포함한 의사결정과정을 의미한다고 할 수 있다. 환경 거버넌스는 환경정책의 결정, 운영과정에서의 다양한 참여자의 협치, 혹은 조정구조라고 할 수 있다.

을 말한다(환경교육진흥법 제11조). 이 제도는 국가 또는 지방자치단체에서 국민을 대상으로 환경교육을 체계적으로 실시하기 위하여 만들어진 것으로, 사회환경교육지도사 양성 기관에서 일정한 교육과정을 이수한 자에게 자격을 부여한다.

환경교육진흥법에 따른 사회환경교육지도사의 주요 업무는 자격의 수준에 따라 달리 제시되고 있다. 기본적인 틀로서는 환경교육 수행능력 → 환경교육 기획능력 → 환경교육 경영능력의 수준으로 제시되고 있다. 따라서 사회환경교육지도사의 업무는 크게 환경교육 프로그램의 운영 역량이 가장 기본적인 것이며, 다음으로는 환경교육 프로그램을 기획하는 업무, 그다음 단계로는 환경교육과 관련된 다양한 경영의 측면을 포함하고 있다고 볼 수 있다. 세부적으로 살펴보면 사회환경교육지도사는 수준에 따라 세 가지 급으로 구분된다. 3급은 사회환경교육지도사로서의 기본적인 소양을 갖추고 현장에서 교육을 실시할 수 있는 지도자이다. 사실상 사회 환경교육의 현장에서 환경교육을 수행하는 가장 기본적인 인력이라고 할 수 있다. 이를 위해서는 환경 인식과 지식, 환경교육 수행에 대한 교육을 96시간 이상 이수해야 한다.

2급은 사회환경교육지도사로서의 기본 소양, 교육 실시 역량뿐만 아니라 교육프로그램을 기획하고 개발하며, 환경을 조사할 수 있는 업무를 포함한다. 따라서 이러한 능력의 자격을 위해 3급의 업무수행에 관한 교육인 환경 인식과 지식, 환경교육 수행을 기본으로, 기획 관리에 대한 교육을 포함하여 학습 이수해야 한다.

1급은 사회환경교육지도사로서의 종합적인 업무를 수행한다. 환경교육 프로그램의 평가나 교육기반의 구축, 전문성 계발과 같은 일 등 현장에서의 교육자와 기획자로서뿐만 아니라 경영자이거나 연구자로서의 업무와 능력을 갖추어, 사회 환경교육을 설계하고 경영하는 역량을 포함한다. 2, 3급 수준의 사회 환경교육 역량은 물론 프로그램 홍보와 마케팅, 조직운영관리, 환경교육경영 등에 대한 교육을 학습 이수해야 한다.

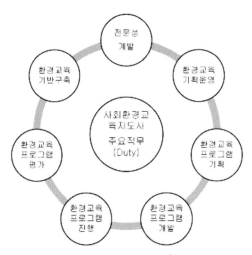

그림2. 사회환경교육지도사의 주요직무[5]

환경부의 사회환경교육지도사 자격제도 연구에 따르면, 사회환경교육지도사의 주요 직무는 그림과 같이 환경교육 프로그램의 진행 및 운영, 환경교육 프로그램의 기획, 환경교육 프로그램의 개발, 환경교육 프로그램의 평가, 환경교육기반의 구축, 환경교육 전문성 계발 등을 제시하고 있다.[6]

이 연구에서는 환경교육기반 구축과 같은 역할도 사회환경교육지도사의 주요 직무로 포함하여, 사회 환경교육을 위한 다양한 교육적, 사회적, 경제적, 정치적 활동을 요구하고 있는 셈이다.

이와 관련하여 북미환경교육학회(The North American Association for Environmental Education, NAAEE)에서도 〈표 3〉과 같이 환경교사가 기본적으로 갖추어야

할 능력을 제시하고 있다.[7] 특별히 환경소양에서 환경쟁점과 시민의 사회적 책임의 이해 등을 포함하고 있는 것은 환경교육기반 구축에서 중요한 역량이라고 할 수 있다.

표3. 북미환경교육학회 환경교사의 직무와 소양

영역	기능
환경소양	문제 제기 및 분석, 설명 기능
	환경 변화 및 체계에 대한 지식
	환경 쟁점을 이해하고 표현하는 기능
	개인적 책임과 시민의 사회적 책임 이해
환경교육의 기초	환경교육의 근본적인 특징과 목표
	환경교육의 실행 방법
	환경교육 영역의 발전
환경교육자로서의 전문가적 책임	모범적인 환경교육 실행
	의식 주입이 아닌 교육의 강조
	지속적 학습 및 전문성 계발
환경교육 프로그램의 계획 및 실행	학습자에 대한 지식
	교수학습법에 대한 지식
	수업 설계 능력
	환경교육 자료 및 자료원에 대한 지식
	학습을 돕는 기술 습득
	수업 환경 조성 능력
학습 장려	환경을 학습하고 탐구하는 분위기 조성 능력
	응집된 학습 환경 조성 능력
	유연한 수업 실행 능력
측정 및 평가	학습자의 결과물 평가
	수업의 일부로 측정(평가) 실행
	평가의 피드백을 통한 수업 개선

이는 우리나라 사회환경교육지도사에게 요구되는 바와 크게 다르지 않을 것이다. 사회환경교육지도사는 위에서 제시한 환경교육자, 환경교사로서의 능력을 기본적으로 갖추어야 할 뿐만 아니라, 지역의 환경교육 콘텐츠를 지속적으로 발굴하고, 프로그램을 개발 운영하여, 균형 있는 평가를 통해 지속가능한 환경교육이 이루어지도록 해야 한다. 사회환경교육지도사의 직무역량은 지역사회와 함께 역동적으로 계발되어야 할 것이다.

• 사회환경교육지도사의 소양과 품성

사회환경교육지도사가 가져야 할 품성과 자질의 우선순위는 개별적으로 다를 수도 있고 그 기준을 정하는 것도 어렵겠지만, 기본적으로 요구되는 내용은 크게 다르지 않을 것이다. 일본의 환경교육 지도자에게 요구되는 직무내용과 품성 중 가장 우선순위로 나와 있는 것은 자연보호가로서의 자질이다.

자연보호가(Naturalist)로서의 자질은 자연의 구조를 이해하고 그것을 지키려는 자세를 갖는 것이다. 단순히 자연을 좋아하는 것이 아니라 자연을 좋아하는 감수성의 시기를 거쳐 자연의 구조를 생태학적으로 이해하고 그것을 지키려고 하는 태도를 갖는 것이다.[8]

사회환경교육지도사로서의 소양은 환경적 측면과 교육적 측면을 아울러서 갖추어야 할 것이다. 환경과 자연에 대한 인생태도, 즉 환경에 대한 윤리감을 가지고 실천해 가려고 하는 태도야말로 가장 기본적인 환경전문가로서의 소양이자 사람을 길러내는 교육자로서의 중요한 인성이다. 다음 표는 환경전문가로서 그리고 교육전문가로서 사회환경교육지도사의 소양을 정리한 것이다.

표4. 환경교육지도사의 소양

환경전문가로서의 소양	교육전문가로서의 소양
1) 생태 지식	1) 훌륭한 인성
2) 환경감수성	2) 교육철학 및 교육과정 개발 능력
3) 사회 · 문화적 지식	3) 학습자 발달단계 및 심리 이해
4) 다양한 환경 쟁점에 대한 지식	4) 총체적 관점과 간 학문적 접근 능력
5) 조사와 평가 기능	5) 환경교육 교수학습법에 대한 전문성
6) 책임 있는 환경행동 능력	6) 환경교육 평가 역량

끝으로, 사회환경교육지도사가 갈고 닦아야 할 품성을 우리의 전통적인 도덕관념에 비추어 정리한다면, 크게 사람과 사람, 사람과 자연의 관계에서의 덕성(德性)일 것이다. 사람과 사람, 사람과 자연의 관계를 어질게 대하는 인(仁), 사람과 사람, 사람과 자연의 관계를 공정하고 정의롭게 생각하는 의(義), 사람과 사람, 사람과 자연의 관계를 배려와 존중으로 대하는 예(禮), 사람과 사람, 사람과 자연의 갈등의 문제를 슬기롭게 해결하는 지혜(智), 서로 믿고 함께 나아갈 수 있는 생태공동체로서의 신뢰(信)의 가치가 그것이다.

1 직업의 소멸과 생성의 관점에서 사회환경교육지도사의 시대적 소명은 무엇인가?

2 지역사회에서의 사회 환경교육을 통한 환경사회, 환경경제, 환경정치의 통합적 모델은 무엇인가?

3 전통적 도덕성에 비추어 사회환경교육지도사로서의 새로운 도덕성의 구체적인 사례는 무엇인가?

추천 도서

▶ 김영한(2010). 『넛지마케팅』. 한국경제신문.

▶ 장미정(2012). 『환경교육운동가를 만나다』. 이담.

▶ 이유진(2002). 『환경정치학』. 한울아카데미.

사회 환경교육자의 역할과 진로탐색

1 사회 환경교육의 영역과 범주는 학교 환경교육을 제외한 환경교육 영역으로서 자연환경
과 생활환경을 주 영역으로 삼고 있지만, 환경을 매개로 하는 사회교육, 평화교육, 다문
화교육, 진로체험 등의 다양한 범주를 포괄하며, 정해진 교육과정과 교과서를 기준으로
하는 학교 환경교육과 달리 비교적 자유롭고 다양한 주제, 내용, 형식을 갖는다.

2 사회환경교육지도사의 진로 영역은 자연환경의 구체적인 활동 영역과 범주(숲, 하천, 갯
벌, 조류, 야생동물, 버섯, 생태계, 환경윤리 등), 생활환경의 구체적인 활동 영역과 범주
(폐기물, 대기환경, 수환경, 에너지, 기후변화, 먹을거리 등) 그리고 더 나아가 다문화, 평
화, 민주주의, 환경정치, 인권과 생명권 등의 사회적 영역이자 지속가능발전교육의 영역
과 그 범주, 그리고 사회적 경제, 지속가능개발, 환경기술 등의 경제적 영역과 범주 등을
통해 진로와 방향을 모색할 수 있다.

3 사회환경교육지도사의 체계적 진로 방향은 가장 기초적이고 핵심적인 활동으로는 환경
봉사활동의 영역이 있을 것이고, 다음으로는 환경교육활동, 그리고 환경교육과 관련된
기획 경영, 사업 등의 영역, 끝으로 환경교육과 관련된 제반 정치적, 경제적, 사회적 영역
등을 포괄하는 분야로 검토해 볼 수 있다.

4 사회환경교육지도사의 주요 업무는 자격의 수준에 따라 환경교육 수행능력 → 환경교육
기획능력 → 환경교육 경영능력의 수준으로 제시되고 있으며, 수준에 따라 기본소양, 교
육실시 역량, 교육프로그램 기획과 개발, 환경의 조사, 기획 관리, 환경교육 프로그램의
평가와 교육기반의 구축, 전문성 계발, 경영자나 연구자로서의 업무ㆍ사회 환경교육을
설계하고 경영하는 일을 포함한다.

5 사회환경교육지도사가 갈고 닦아야 할 품성은 사람과 사람, 사람과 자연의 관계를 어질 게 대하는 인(仁), 사람과 사람, 사람과 자연의 관계를 공정하고 정의롭게 생각하는 의(義), 사람과 사람, 사람과 자연의 관계를 배려와 존중으로 대하는 예(禮), 사람과 사람, 사람과 자연의 갈등의 문제를 슬기롭게 해결하는 지혜(智), 서로 믿고 함께 나아갈 수 있는 생태공동체로서의 신뢰(信)의 덕성(德性)이다.

참고문헌

1. 서울시자원봉사센터, '서울시 자원봉사 기본교육 교재', https://volunteer.seoul.go.kr
2. Giesel, de Haan and Rode(2000), 이무춘 역, 『독일의 환경교육』, 2005, FES-Information-Series, 재인용.
3. 마요라 카터. 지역적 환경사업가의 세 이야기. http://www.ted.com
4. 오준호. 도시농업지원센터. http://www.kual.or.kr
5,6. 환경부(2009). "사회환경교육지도사 자격제도 운영방안 연구".
7,8. 환경부(2014). 『간이양성과정교재 사회환경교육지도사 3급』.

2
—
[실습 I] 사회 환경교육자의 활동현황과 사례

사회 환경교육자의 활동 현황

　사회환경교육지도사의 가장 큰 관심사는 당연히 '어디서, 어떤 일을 할 수 있는지'일 것이다. 사회환경교육지도사라는 자격을 가졌다 하더라도 그 직무의 대상과 영역이 없다면 그것은 곧 '장롱 면허'가 되어 버릴 것이기 때문이다. 때문에 어디서 어떤 형태의 사회 환경교육 활동이 이루어지고 있는지 그 현황을 잘 알아보는 것이 중요하다. 사회 환경교육의 활동 현황에 대한 조사와 분석을 통해 현재의 활동 가능영역을 탐색하고, 아울러 향후 발전가능 영역을 모색해 보는 것이 필요한 것이다.

　사회환경교육지도사의 활성화는 곧 사회 환경교육의 활성화와 직결되는 것이다. 또, 역으로 사회 환경교육의 다양화는 사회환경교육지도사의 활성화로 이어질 수 있다. 이런 선순환 구조를 가진다면 환경교육의 활성화를 통해, 환경에 대한 인식과 실천을 통해 궁극적으로 지속가능한 환경을 가꾸어 나가는 데 기여할 수 있을 것이다. 때문에, 사회 환경교육의 현황을 잘 파악하여, 정치, 경제, 사회, 문화의 사이사이에 환경의 이슈를 담아 사회 환경교육의 틈새를 넓히고, 영역을 확보해나가는 것도 사회환경교육지도사의 과제라고 할 수 있다.

앞서 사회 환경교육의 영역을 개략적으로 파악하여, 환경운동단체, 환경교육단체, 환경교육사업 분야로 구분해 보았다. 그러나 이보다 세부적으로 환경복지나 생태관광, 환경문화예술에 이르기까지 더 세분하여 구분해 갈 필요가 있을 것이다. 물론 이러한 영역에서도 공공과 민간부분의 사회 환경교육의 영역이 있을 것이다.

환경부에서 조사(2018년)한 자료에 따르면 2018년 환경교육관련 민간단체는 환경부 등록 비영리민간단체 179개, 지자체 등록 1,344개이며 환경교육프로그램의 유형의 경우 체험형이 863개로 가장 많았고, 다음으로 체험형+강의형이 851개, 강의형이 420개로 나타났다. 결과적으로 사회환경교육 프로그램은 80% 이상이 체험 형태를 선택하고 있는 것으로 나타났다. 프로그램의 수제는 숲, 생태분야가 다른 모든 주제를 합친 정도로 월등히 많고, 주 대상은 초등학생, 유아, 성인일반, 중·고등학생, 노인, 대학생순이다.

환경단체로 등록되어 있지 않더라도, 지방의제 21, YMCA 등 사회단체의 10% 정도가 환경교육 프로그램을 운영하고 있는 것으로 추정된다. 특히, 산림청 등록 사단법인이나 산림복지법인의 경우, 숲 해설, 유아 숲 지도, 숲 치유 등 여려형태로 산림교육 서비스를 운영하고 있다.[1]

그리고 최근에는 환경교육 분야의 사회적 기업도 점차 늘어가고 있는 추세이다. 지역사회 구성원을 중심으로 마을의 숲 학교를 만들어 지속가능한 생태교육을 표방하는 마을기업, 협동조합 등이 생겨나고 있고, 장차 사회적 기업을 추구하고 있는 모임들이 생겨나고 있는 것이다.

'녹색 일자리' 창출을 위해 노력하는 것은 환경위기 시대의 세계적인 추세이기도 하다. 오래전부터 생태와 사회적 일자리에 관한 연구와 실천을 해

온 독일의 경우 70년대에 20만 개 정도였던 녹색 일자리가 이제는 100만 개 이상이 직간접적으로 환경과 생태와 관련된 분야에 있다고 한다.

생물 종 다양성은 그 환경 지속성의 지표가 된다. 직업의 종 다양성도 마찬가지로 그 사회의 지속성의 지표가 된다. 우리는 흔히 직업의 종 다양성에 있어서는 선진국들에 턱없이 미치지 못한다. 현재 직업분류사전에 의하면, 미국의 절반 수준에 지나지 않는다.

사회환경교육지도사와 연계된 일자리는 위와 같은 자연생태기반의 환경교육뿐만 아니라, 재생에너지, 녹색경영, 유기농업, 환경문화, 친환경 건축, 생태교육 등 다양한 녹색경제의 기반이 되는 사회 환경교육 모델과 연계하여 지속적으로 개발되어져야 할 것이다.

사회 환경교육자의 진로 탐구 실습

사회 환경교육자의 진로 탐구 실습을 위해서 현재 우리나라의 환경운동, 환경교육, 환경기업 등의 사회 환경교육 기관을 중심으로 사회 환경교육 활동의 공간과 대상을 조사자의 관심 분야에 따라 조사하여 분류해 보는 것은, 사회 환경교육의 다양성을 탐색해 보는 중요한 과정이라고 할 수 있다.

이 조사 실습의 과정을 통해 사회환경교육지도사의 진로 영역을 확인하고, 새로운 분야를 모색하는 계기로 삼아야 하기 때문이다. 조사대상 단체의 목적과 활동방법에 따라서 사회 환경교육의 방법이 달라지며, 이는 향후 진로 설정에 표본으로 삼을 수 있다.

조사와 분류 활동을 통해서, 단체의 활동 목적과 개요를 파악하여야 한다. 단체가 체험 중심인지, 캠페인 중심인지, 교육 중심인지, 문화 활동 중심인지도 대별해 볼 수도 있을 것이며, 이 과정에서 사회 환경교육의 큰 범주와 영역을 대별하는 안목과 역량을 기를 수 있다.

환경부와 환경보전협회가 발간한 2011년 환경교육기관 단체 총람에는 환경교육을 실시하고 있는 모든 기관과 단체가 실려 있다. 613개의 환경교육과 관련된 운동, 환경교육 사회적 기업 등의 사업단체도 망라하여 포함되어 있다. 이 자료는 환경교육포털사이트 초록지팡이에 탑재되어 있으므로, 다운로드 받아서 검색할 수 있다.

홈페이지 초록지팡이(http://www.keep.go.kr)를 검색하여 환경교육포털 → 환경정보 → 정책과 통계 → 정책자료 메뉴를 검색하면 된다.

이 중에서 우선 거주지나 관심 지역을 중심으로 단체의 개요를 이해해 보는 것도 좋은 방법일 것이다. 이를 통해 향후 활동 가능성을 엿볼 수 있기 때문이다.

아울러, 키워드 검색을 통해서 관심 분야의 활동단체를 찾아볼 수도 있다. 다운로드한 파일의 '찾기' 메뉴에서 이를테면 '생태교육', '환경교육' 등의 키워드를 활용하여 '사회적 기업', '환경운동' 등의 단체의 성격을 알아볼 수도 있고, '녹색복지', '환경문화', '환경예술', '생태관광', '재활용', '에너지' 등 사회 환경교육의 다양한 주제와 영역의 진로를 탐색할 수도 있다. 다음의 표는 실습을 위한 과제표의 예시로서, 각 분야에 따른 활동 단체/기관/기업을 조사하여 기록하고, 사회환경교육지도사의 진로를 탐색해 보는 계기로 삼을 수 있을 것이다.

기초적인 조사활동의 내용은 다음과 같은 사항을 중심으로 검토해 본다.

- 단체의 설립 목적을 알아본다. 설립 목적을 알아보는 것이 가장 중요하다. 대개는 추상적으로 목적을 표시하고 있지만, 그 추상적인 목적

에 단체가 만들어내는 사업이 생기고, 방법 또한 생기기 때문이다.

• 주요사업과 연혁을 알아본다. 주요사업은 그 단체의 목적을 실현하는 방법이기 때문에 그 단체가 목적과 부합하는 사업을 하고 있는지 알아보는 것은 중요하다. 연혁은 그 단체의 이력서이며 그 이력을 통해서 검증해 볼 수 있다.

• 법인의 형태(비영리, 영리, 사회적 기업)의 특징에 따라 추구하는 목적과 방법이 다르기 때문에 이를 알아본다.

• 회원 현황, 최근의 활동 동향에서는 회원 수로 그 단체의 활동역량을 가늠해 볼 수 있을 것이다. 실무자의 수 등도 활동 역량과 활동 상황을 판단하는 요소가 된다. 그러나 단체의 실무자 수와 사회 환경교육의 빈도는 비례하지 않는 경우도 있다. 실무자 수는 적어도, 자원 활동가 등의 네트워킹이 잘되어 있는 단체는 왕성하게 사회 환경교육을 수행하는 경우도 있기 때문이다.

사회 환경교육단체의 현황을 개괄적으로 파악할 수 있는 사이트는 재단법인 한국환경민간단체진흥회, 환경보전협회 등이 있다. 한국환경민간단체진흥회 홈페이지 주소는 http:// www.kengo.or.kr, 환경보전협회 홈페이지 주소는 http://www.epa.or.kr 이다.

표1. 사회 환경교육 진로 영역 탐색 실습용 조사지 예시

분야	세부 영역	환경운동(복지)	환경교육(문화)	환경기업
자연환경 분야	숲 생태			
	하천			
	습지			
	——추가 분류하여 작성			
생활환경 분야	재활용			
	에너지			
	기후변화			
	——추가 분류하여 작성			
지속가능교육 분야	다문화			
	민주주의			
	평화/예술 등			
	——추가 분류하여 작성			

참고문헌

1. 풀빛문화연대(2013). "산림교육 소셜 프랜차이즈 모델 개발 연구".

3
—
[실습 Ⅱ] 사회 환경교육자의 활동현장과 탐방

사회 환경교육자의 활동현장 탐방—환경교육기관 및 단체

사회환경교육지도사들의 현장탐방은 매우 중요한 실습이다. 사회 환경교육자들의 활동 공간으로서의 단체 혹은 기관들을 인터넷이나 자료를 통해 사전 조사하는 것만으로는 구체적으로 어떻게 무엇을 하고 있는지 잘 알 수가 없는 경우가 많이 있기 때문이다.

때로는 지역기반의 환경단체의 경우 자체 프로그램이 매우 훌륭하게 운영되고 있으나, 상근 인력 등이 매우 열악한 조건에서 운영되기도 하기 때문에 홈페이지나 문서자료로 상시 탑재할만한 홍보 역량이 안 되는 경우도 있고, 보안 등의 내부사정으로 공개되지 않는 환경교육과 관련된 다양한 활동이 있을 수 있다.

현장탐방을 통한 더 생생한 사회 환경교육의 활동 현황 파악을 위해서는 가급적 많은 현장을 찾아보는 것이 중요하다. 다양한 정보와 자료를 바탕으로 진로를 좀 더 구체적으로 탐색할 수 있기 때문이다. 다양하게 탐색해 보는 것이 중요하지만, 모든 단체나 기관을 탐방하기 어렵기 때문에 크게는 사회 환경교육 활동의 영역과 범주에 따라 1차적으로는 환경봉사, 환경운동, 환경교육 기관 및 단체 등을 탐방해 본다.

- 환경교육관련 봉사단체

환경운동연합, 녹색연합, 환경정의, 생명의 숲 국민운동, 한국환경교육네트워크 등의 전국적으로 지부와 네트워크를 가지고 있는 본부와 지역의 지부들을 방문할 수 있다. 이 밖에도 지역사회에서 다양한 활동을 하는 환경 관련 봉사단체, 교육단체, 운동단체들을 검색하여 탐방대상기관을 알아본다.

- 환경교육단체

(사)환경교육센터, 녹색교육센터, YMCA, YWCA 등의 민간 환경교육관련 단체들을 탐방할 수 있다. 지역의 습지센터, 에코센터 등 다양한 환경교육 전문단체들을 검색하여 탐방한다. 그중에는 지자체 등으로부터 시설이나 교육업무를 위탁받아 운영하는 경우도 많이 있다.

- 정부기관

사회 환경교육을 수행하는 환경교육기관(센터, 공공기관)은 향후 사회환경교육지도사의 진로에서 중요한 지렛대가 된다. 정책적 흐름을 반영하기 때문이다. 정부의 국가 환경교육센터, 환경부 위탁기관, 환경보전협회, 한국폐기물협회, 지방자치단체의 환경교육센터, 국립공원관리공단, 산림청 등의 각종 지역 센터 등 환경교육기관들을 탐방하여 사회 환경교육 분야의 진로 등을 탐색해볼 수 있다.

사회 환경교육자의 활동현장 탐방 계획 및 결과보고서

사회 환경교육기관 탐방을 위해서는 계획을 세우고 준비하여야 한다. 즉, 탐방을 하거나 기관을 탐방할 경우는 탐방 목적과 대상에 대하여 사전에 분명하게 제시를 하고 시간약속 후에 방문하는 것이 좋다. 이는 관련단체나 기관의 일정을 고려하여 방문해야 하기 때문이다.

아울러 이 계획을 충실하게 하기 위해서는 조사지를 만들어서 가는 것도 좋은 방법일 것이다. 조사지는 알고 싶은 내용을 담을 수 있도록 체계적으로 구성하여 준비하여야 한다.

다음 표는 기관이나 단체 탐방을 위한 조사지의 예로써, 탐방 대상 기관의 특성에 맞게 조사지 양식을 개발하여 활용한다. 탐방 대상기관이 지역의 동아리나 협동조합 등의 모임이라면, 회원이나 조합가입 자격 등 그 특성에 맞게 소사지를 만들어야 할 것이다.

조사 후에는 반드시 탐방결과보고서를 정리하고 평가해야 한다. 평가는 객관적인 사실들은 물론 주관적인 느낌도 중요하다. 그 기관의 친절도나 사업 분위기 등도 향후 사회환경교육지도사로서의 품성과 자질을 갖추는 데 중요하기 때문이다.

사회 환경교육기관의 탐방을 통한 보고서를 기초로 향후 진로의 모색을 위한 토론이 필요하다. 한 기관이나 단체만으로는 전체적인 현황을 파악할 수 없기 때문에, 각자 탐방활동의 보고와 공유, 토론을 통해서 좀 더 많은 정보와 데이터를 기반으로 현황에 대한 객관적인 실태를 분석할 수 있기 때문이다.

표1. 사회 환경교육기관 탐방조사 활동지 예시

□ 탐방기관 개요					
기 관 명		대 표		사업개시일	
주 소		전 화		팩 스	
		홈페이지			
		담당자e—mail			

□ 탐방단체 설립목적과 주요사업

□ 주요 환경교육의 내용

□ 주요 환경교육 대상

□ 주요 환경교육의 방법

□ 사회환경교육지도사의 채용 혹은 활동가능성 여부

□ 이 기관과 단체의 특징 및 참고사항

사회 환경교육자의 활동현장 탐방
– 환경교육 분야 사회적 기업

사회 환경교육에서 향후의 중요한 진로 방향은 환경교육을 통한 비즈니스 모델이다. 특히 환경은 사회와 경제의 통합적 영역으로서, 경제적 관점이 도입되지 않으면 지속가능한 모델을 만들어내기 어렵기 때문이다. 따라서 사회 환경교육의 영역을 폭넓게 사유할 필요가 있으며, 환경교육 분야의 사회적 기업은 중요한 학습대상이다. 환경교육을 다만 자연생태교육으로 생각하는 경우라고 하더라도, 자연생태교육의 영역은 교구나 교재, 소재와 방법에 따라서 다양한 진로와 방법이 만들어질 수 있기 때문이다.

아직 우리나라의 사회 환경교육에서 사회적 기업 모델은 매우 빈약하다고 할 수 있다. 그럼에도 사회환경교육지도사의 활동 영역의 다각화라는 측면에서는 탐방과 학습을 통해 검토해야 할 필요가 있다.

사회 환경교육자들의 활동 공간으로서의 사회적 기업의 경우도 인터넷이나 문서자료로 사전 조사하는 것만으로는 구체적으로 어떻게 무엇을 하고 있는지 잘 알 수가 없는 경우가 많다. 환경교육 분야 사회적 기업의 경우, 지역의 동아리모임이나 마을단체들이 협동조합이나 기업으로 전환하여 자체 프로그램을 운영하기도 한다.

끝으로, 많은 사회환경교육지도사들이 개인적인 활동을 할 가능성이 높기 때문에, 개인 활동에 대한 비전을 모색하기 위해서는 경험과 연륜이 있는 개인 활동가에 대한 면담과 멘토링 과정도 필요하다. 다만, 개인 활동가와의 지속적인 멘토링이 가능하려면 지역사회에서의 상당한 유대와 친분이 필요할 수도 있을 것이다.

• 환경교육 사회적 기업

환경교육 분야 사회적 기업은 많지는 않지만, 대표적인 단체들을 찾아 사회 환경교육의 진로를 탐색해볼 수 있다. 풀빛문화연대(생태환경교육 분야), 터치포굿(재활용교육 분야), 자연과사람들(체험환경교육), 트리플래닛(환경 IT 분야), 에코준(환경디자인) 등 환경교육 또는 환경 분야의 사회적 기업을 탐방할 수 있다.

또, 환경교육 분야가 아니더라도 문화예술 분야, 복지 분야 등의 사회적 기업의 경우도 환경교육을 위한 벤치마킹을 할 수 있기 때문에 다양한 유형의 사회적 기업을 관찰하는 것도 필요하다. '환경 넛지'를 위해서는 적정기술의 다양한 사회적 기업 모델을 살펴볼 필요가 있다. 환경 분야 사회적 기업에 관한 정보는 환경 분야 사회적 기업 지원기관인 한국폐기물협회에서 정보를 얻을 수 있으며, 한국사회적기업진흥원에는 사회적 기업의 유형과 주요서비스 내용을 살펴볼 수 있다.

• 개인 활동가

끝으로, 개인적인 프리랜서 활동을 하는 경우도 적지 않으므로, 다양한 방법으로 탐색하여 진로에 관한 의견을 구하고 방향을 모색해 보는 것도 중요하다고 할 수 있다. 개인의 진로에 가장 많은 영향을 미치는 경우는 가까운 지인의 멘토링일 경우가 많다. 직접적인 인생 경험과 구체적인 방법을 들을 수 있기 때문이다.

개인적인 환경교육활동가들에 대해서 우선, 지역사회에서 열심히 활동하는 분들과의 만남이 소중할 것이다. 개인 활동가들의 삶의 여정을 들여다보는 것만큼 중요한 공부는 없다.

환경부에서는 2012년에 당시 범시민 녹색성장 실천 교육인프라 확충을 위하여 녹색전문가 DB를 구축하고 정보를 공유하기 위하여 학교, 지자체 공공기관 등 녹색교육 활성화와 범시민 녹색교육-홍보기반 구축을 위한 지역별 녹색교육 전문가 DB를 구축한 바 있다. 환경교육포털사이트(www.keep. go.kr) - '새 소식' 메뉴에 보면 상단 공지사항에서 확인할 수 있으며, 파일로 다운받을 수 있다.

사회 환경교육자의 활동현장 탐방 계획 및 결과보고서

탐방을 하거나 기관을 탐방할 경우는, 앞서의 환경교육기관 및 단체와 마찬가지로 탐방목적과 대상에 대하여 사전에 분명하게 제시를 하고 시간약속 후에 방문하는 것이 좋다. 이는 관련기업이나 개인의 일정을 고려하여 방문해야 하기 때문이다. 특히 사회적기업의 경우는 사업을 위해 일정을 맞추기 어렵기 때문에, 대상 기업의 이해관계를 고려하여야 한다.

조사지를 만드는 것은 중요한 준비과정이다. 조사지는 대상별로 특화하여야 한다. 이를테면 환경단체를 탐방하는 경우 사회 환경교육과 관련된 활동의 구체적인 내용과 프로그램을 조사할 수 있고, 환경기업의 경우 환경교육서비스의 아이템, 고객, 마케팅 방안이나 수익구조 등 알고자 하는 내용이 분명해야 하는 것이다.

조사 후에는 반드시 탐방결과보고서를 정리하고 평가할 필요가 있다. 여기에서도 객관적인 사실들은 물론 주관적인 느낌도 중요하다. 사회 환경교육은 직접적으로 인적 서비스를 수행하는 것을 기본으로 하기 때문에 사업을 수행하는 분위기나 태도를 이해하는 것은 중요한 학습이다.

표1. 실습조사 활동지 예시

□ 탐방기관 개요					
기 관 명		대 표		사업개시일	
주 소		전 화		팩스	
		홈페이지			
		담당자e—mail			

□ 탐방기업 설립목적과 주요사업

□ 환경교육과 관련된 주요 서비스(콘텐츠, 교구, 프로그램 등)

□ 주요 고객층

□ 마케팅, 홍보 수단

□ 주요 수익모델

□ 사회환경교육지도사의 채용 혹은 활동가능성 여부

□ 이 기관과 단체의 특징 및 참고사항

사회 환경교육자의 인생 탐구

사회 환경교육자 개인의 강연이나 심층 인터뷰를 통한 사회 환경교육의 진로를 탐색해 볼 수 있다. 이 과정은 사회 환경교육과 관련된 오랜 경력과 연륜을 가진 전문가들에게 사회 환경교육에 대한 진로와 전망을 솔직하게 알아볼 수 있는 계기가 된다.

초청 강의 형식이든 방문 인터뷰 형식이든, 그 형식과 방법에 상관없이 개인의 솔직한 구술과 강연을 통한 학습은 향후 진로 탐색에 큰 영향을 미칠 수 있다. 특히 구술이나 인터뷰 등이 갖는 특징은 개별적이고 즉흥적인 특성 등이 있을 수 있지만, 사회 환경교육의 다양성과 구체성, 직접성, 주관성의 특징을 고려하면, 이러한 개개인의 특성에 대해서 탐구해 보는 과정도 중요하다.

구술은 개인의 주관적 경험의 기억을 현재로 불러내는 작업이기 때문에 지극히 주관적이고 개인적일 수밖에 없다. 주관적 체험의 요소가 중시되는 체험 환경교육의 특성을 제대로 반영하기 위해서는 개개인의 주관성 속에서 보편성을 획득해 나가는 과정이 중요하다고 할 수 있다. 이를 위해서는 반드시 사회 환경교육의 체화된 기억을 끄집어내는 강연, 구술, 인터뷰 등 다양한 형식을 통해 멘토링을 받는 것이 필요하다.

사회환경교육지도사의 구술, 강연, 인터뷰의 계획

그러면 어떤 대상자를 선정하여 탐구해볼 것인가? 사회환경교육지도사의 심층인터뷰 대상은 오랫동안 환경운동이나 교육을 통해서 사회적으로 인정을 받은 경우를 선택하면 좋은 공부가 될 것이다. 이를테면, 환경교육 관련 업적과 성과를 인정받은 경우이다. 교보교육재단이나 환경재단, 기타 관련기관에서 상을 받았다면, 기본적으로 다양한 검증을 통해 경력을 인정 받은 바이기 때문에, 훌륭한 멘토로 삼을 수 있을 것이다. 교보교육재단은 교보환경대상을 통해 지난 16년에 걸쳐 환경 관련 활동가를 시상했다.

교보재단의 홈페이지(http://www.kbedu.or.kr)에서 수상한 환경 관련 활동가 를 찾아볼 수 있고 이들의 약력을 참조할 수 있다.

사회 환경교육과 관련된 전문가를 초빙하거나 방문하여, 관련된 경험과 전망을 구체적으로 알아보기 위해서는 사전에 인터뷰나 질문지를 작성할 필요가 있다. 인터뷰 계획서를 만들고 답변을 들음으로써 사회 환경교육의 진로 탐색에 도움이 되도록 해야 하는 것이다. 아울러 소감문을 작성하여 공유함으로써, 진로에 대한 집단적인 탐색의 발전이 이루어지도록 한다.

인터뷰 계획서를 만들기 위해서 우선, 구술, 강연, 인터뷰 주요내용 중 가 장 알고 싶은 내용을 정리해두는 것이 필요하다. 특히 사회 환경교육과 관 련된 구체적이고 생생한 답변을 얻기 위해서는 질문이 명확하고 구체적이 어야 한다. 인터뷰나 질문지를 작성하여 사전에 강사, 인터뷰 대상자에게 제 공하여 주는 것도 답변을 좀 더 구체적으로 끌어내는 방법이다. 인터뷰나 질문의 내용은 다음과 같은 예시를 담을 수 있을 것이다.

- (사회 환경교육 분야와 관련하여) 활동하게 된 동기는 무엇인가?
- (사회 환경교육 활동 중) 기억에 남는 보람된 일은 무엇인가?
- (사회 환경교육 활동 중) 기억에 남는 어려운 일은 무엇인가?
- (사회 환경교육과 관련해서) 향후 하고 싶은 일은 무엇인가?
- (사회 환경교육과 관련해서) 조언해주고 싶은 것은 무엇인가?

이와 같은 질문은 매우 기본적인 내용들이며, 경우에 따라서는 식상한 질문이 될 수도 있을 것이다. 때문에, 사회 환경교육과 관련된 질문만으로는 깊은 내면의 이야기를 끌어내기 어려울 수 있다. 질문은 대상자와 깊은 관련이 있으면서도 기상천외한 물음이나 참신한 방법도 필요할 수도 있을 것이다.

- 최근의 시사적 이슈와 관련한 질문 : 알파고의 지능을 가졌다면 무엇을 하고 싶은가?
- 전통적이고 대중적인 질문 : 다시 태어난다면 무엇으로 태어나고 싶은가?

사회 환경교육자의 심층 인터뷰와 특강을 통한 소감문 작성하기

선배 사회 환경교육활동가의 생생한 경험을 듣고 나서, 각각의 소감문을 작성해 보는 것이 필요하다. 이는 사회환경교육지도사로 나서는 비전과 미션을 설정하는 데 중요한 마음의 자세가 되기 때문이다.

소감문의 형식은 천편일률적일 필요는 없으나 기본적으로 강연이나 인터뷰를 통해 감명을 받은 내용이나 향후 진로 모색에서 닮고 싶은 것들을 담으면 좋을 것이다. 아울러 탐방실습의 모든 과정에서 그렇듯이 이 소감의 공유 과정이 필요하다. 소감의 발표와 토론은 개개인의 진로 모색과 사회환경교육지도사의 비전과 목표를 공유하는 과정이며, 같은 방향을 향해 가는 유대와 연대감을 높여주는 계기가 될 것이다.

사회 환경교육자의 미션과 비전

비전이란 무엇인가? 비전은 언젠가 이루고 싶은 목표이다. 이 목표가 없다면 갈 곳이 없이 길을 나서는 것과 같다. 만약 비전이 없다면 가능한 한 빨리 일을 그만두는 것이 현명하다고 할 것이다. 10년, 20년 후의 꿈이 없다면 굳이 이 일에 시간과 열정을 쏟을 필요가 없기 때문이다.

미션은 사회환경교육지도사로서 나의 존재 이유이며 사회환경교육지도사로서 궁극적으로 이루고자 하는 사명이다. 사회 환경교육을 하는 궁극적인 목적에 대한 고민이나 미션 없이 사회 환경교육활동을 하는 것은 마치 기계나 로봇의 역할과 다름없다.

미션을 세우는 것은 사업의 생명력과 지속성, 그리고 자긍심을 세우는 데 매우 중요하다. 사회환경교육지도사로서 나의 미션이 무엇인가를 살펴보는 것은 내 활동의 가치와 나의 존재에 생명력을 불어넣어 줄 것이다.

이를테면, '사무환경의 효율화를 통한 사회적 가치에 기여'한다는 미션을 가진 제록스와 그저 단순한 '복사기 판매회사' 제록스와는 어떤 차이가 있는가? 그저 '석유를 파는 회사'라는 것과, '고객의 에너지를 충전'하는 회사라는 미션은 어떤 차이가 있는가? 미션은 일에 대한 가치는 물론, 일하는 사람의 긍지와 지속성을 갖는다는 점에서 미션을 갖는다는 것은 아주 중요하다.

아울러 미션을 어떻게 세우냐에 따라서 사회 환경교육의 방법과 내용이 달라진다. 이를테면 "더불어 숲"이라는 미션을 갖는다면, 비록 작은 가치에도 서로 기대고, 작은 수익에도 큰 보람을 얻을 수도 있을 것이다. 그러나 "영재의 숲"을 통한 고부가가치 환경교육을 미션으로 삼는다면, 아마도 그런 미션에 부합하는 방법과 내용을 선택할 것이다.

이처럼 사회환경교육지도사로서의 나의 존재 이유와 가치를 살펴보고, 10년 혹은 20년 후에 이루고자 하는 사회환경교육지도사로서의 나의 꿈을 세워보는 과정이 바로 미션과 비전세우기이다.

4

—

[실습Ⅲ] 사회 환경교육자의 자기성찰 : 환경, 교육, 그리고 나

사회 환경교육자로서의 미션과 비전 세우기

미션을 세우는 것은 여러 가지 방법이 있겠지만, 존재가치와 기여도에 따라서 체계적으로 고려해볼 수 있다. 즉, 사회환경교육지도사의 기능적 가치로서의 사명, 이를 통해 어떤 사회적 관계가치를 실현할 것인지의 사명, 또 궁극적으로는 어떤 가치를 구현하고자 하는지의 사명 등으로 미션을 체계적으로 구성해 볼 수도 있는 것이다.

• 사회환경교육지도사로서의 나의 비전과 미션은 무엇인가?

비전(Vision)은 곧 꿈이 실린 목표로서의 미래상이다. 조직이나 개인의 5~10년 후의 미래에 마땅히 있어야 할 모습(미래상)을 구체적으로 표현한 것을 비전이라고 한다. 이 비전은 조직이나 개인의 정신적 내비게이션의 역할을 한다. 때문에 비전이 없는 개인이나 조직은 방향을 잃고 방황하기 쉽다. 비전을 세우는 데는 다음과 같은 핵심적인 내용들이 담보되어야 한다.

- 조직의 미래상이 그려질 것(구체적일 것)

- 간결하고 명확하게 표현될 것

- 이해관계자들이 공감할 수 있을 것

- 실현 가능성이 있을 것

- 미션(Mission)을 담보할 것

- 전략(Strategy)을 담보할 것

위와 같은 내용을 담기 위해서 구체적으로 다음과 같이 개개인(조직)의 의지와 역량, 현재의 조건과 환경을 탐색하는 과정이 필요하다. 이 자료들을 세부적으로 작성하여 위의 조건에 부합하는 것을 우선순위로 배치하면 비전과 미션, 전략 등을 도출할 수 있다.

즉, 사회환경교육지도사로서의 희망, 하고 싶은 일, 이를테면 3년, 5년, 10년의 꿈을 그려나가는 것이 비전이다. 미션은 사회환경교육지도사로서의 존재이유이다. 하고 싶은 일이면서 실현하고자 하는 사명이다. 아울러 잘하는 일을 중심으로 내외부의 환경에 따라서 계획을 짜는 일이 전략이다.

표1. 사회환경교육지도사로서의 나의 비전과 미션

하고 싶은 일	1. 우선순위 별로 2. 3.
잘하는 일	1. 우선순위 별로 2. 3.
해야 할 일	1. 우선순위 별로 2. 3.

- '사회 환경교육자로서의 나의 윤리 선언문'

이대형
춘천교육대학교 과학교육과 교수/ (사)환경교육센터 이사장[연구책임]

서은정
경기 초월고등학교 교사 [교수학습방법 공동집필]

연은경
서울주택도시공사 인재개발원 교육전문가 [환경교육공학 집필]

유영초
풀빛문화연대 대표 [체험환경교육, 사회환경교육지도사의 역할과 진로탐색 집필]

정 철
대구대학교 사범대학 과학교육학부 교수 [교수학습방법 공동집필]

장미정
모두를위한환경교육연구소 소장 [협력집필진]

조미성
모두를위한환경교육연구소 선임연구원(비상임) [협력집필진]

임수정
모두를위한환경교육연구소 선임연구원 [협력집필진]

(사)환경교육센터

(사)환경교육센터는 2000년 1월 지구의 벗 환경운동연합 부설전문기관으로 설립(현재는 협력기관)되었습니다. 센터는 환경교육의 대중화와 체계화를 통해 시민들의 친환경적인 가치관과 실천적 참여를 이끌어 내는 것을 목적으로 합니다. 설립 이래 대상별·주제별 환경교육 프로그램 개발운영, 지역기반 협력형 환경교육장 운영, 시민환경지도자와 환경교육활동가 양성, 국내외 환경교육네트워크 구축과 파트너십 개발, 교재교구 개발보급, 사회 환경교육 기반 연구, 환경교육 정책개발 등의 활동에 주력해 왔습니다.

센터는 2015년 모두를위한환경교육연구소(Environmental Education For All Research Institute, EEFARI)〉를 설립했습니다. 연구소는 사회적·환경적 약자, 자연소외계층까지 아우르며, 생명·생태의 가치와 더불어 공감·배려·공평·정의의 가치를 보다 강조하는 모두를 위한 환경교육 담론의 연구와 실천을 지향합니다.

http://www.edutopia.or.kr